もしも、人生を今日からやり直すとしたら

孤独を恐れず自由に生きる法則

東京美容外科統括院長
麻生 泰

KADOKAWA

プロローグ　人生はいつでもやり直せる！

みなさん、こんにちは、美容外科医の麻生泰です。

私は現在、全国110以上のクリニックを束ね、年商は220億円超。プライベート機やヘリコプターで全国のクリニックを飛び回り、もちろん自らも現役の美容外科医として執刀しています。

休日はハワイや国内に数カ所ある別荘でサーフィンや釣りを楽しみます。ヴァイオリンも趣味でストラディヴァリウスを4挺所有し、その総額は30億円。資産総額は自分でもよくわかりませんが、100億円はあるようです。

このように書くと、

「悪いことでもして金儲けしたのでは？」

「親が金持ちで医学部に行かせてくれて開業資金も出してくれたんだろう」
「たまたまうまくいったんじゃないの？」
などと思う人もいるかもしれません。

しかし、私は**ほとんど無一文どころかマイナスの状態から出発し、自分の力でここまでやってきました。**

もちろん自分の力だけではなく、**仲間や家族の協力・助けがあってこそ**、だと思っています。運も味方したと思います。しかし、少なくとも金銭的には誰の援助も受けていないし、何の後ろ盾もありません。

つまり**「マイナスからの出発の私でも一代でこうなれた。だからみなさんでもできます」**ということが言いたいのです。

でなければ私だって冒頭からこんな自慢たらしいことを書いて、好感度を落としたくありません（笑）。

美容外科には、いろいろな方がいらっしゃいます。実はうちのクリニックでも、50代、

60代の方が少なくありません。70代で豊胸をされた方もいるほどです。

先に娘さんが豊胸をして、お母さんが「私もやりたい」と言って来院されたこともあります。

こうした方たちが「子どもも産んで、こんな年齢なのに豊胸してもいいでしょうか」と不安そうに質問されるたび、私はいつも次のように答えてきました。

「全然大丈夫！『人はいつからでもやり直せる』というのが私の座右の銘ですから」

こう言うと、みなさん、パッと笑顔になります。

若さ、美しさを手に入れてイキイキと新しい人生を始めていく方々を見ていると、私も大きな勇気をもらいます。

これは営業トークでも何でもなく、私自身が**「人はいつからでもやり直せる」**と強く信じているのです。

そもそも**私の人生はずっと挫折と失敗の繰り返し**でした。

詳しくは本文で述べますが、まず幼少時の極貧生活、医学部に入るのに3浪、ようやく医者になったものの、親の会社が倒産したために目指していた形成外科をあきらめて美容外科への転向を余儀なくされました。誰からの金銭援助も受けられない中で、ようやく開院にこぎつけたクリニックでは1億円の横領被害にも遭っています。

私は医師として特別能力が高いとは思っていないし、また特別な経営のセンスがあったわけでもありません。

さらには学歴差別も嫌というほど受けてきたし、在日韓国人ということで心無い言葉を投げつけられたこともあります。

ほかにも若ハゲ、離婚（バツ3）、信頼していた人の裏切り、倒産の危機と、まあホントにいろいろありました。

「もうダメだ」「立ち直れない」と思ったことも一度や二度ではありません。

でもそのたびに私が自分に言い聞かせてきた言葉があります。

それは、

「今日からゼロベースで人生をやり直そう」

「人生を今日からやり直すつもりでがんばればいいじゃないか」

この言葉を何度となく自分の胸に刻んで、再起を図ってきました。

もし私が人と違うところがあるとすれば、「人はいつからでもやり直せる」ことを信じ、「チャレンジし続けた」「あきらめなかった」ということに尽きると思います。

どんなピンチに陥っても、裏切りに遭って失意のどん底にあっても、決して立ち止まることも、あきらめることもありませんでした。

何度も失敗を繰り返してきましたが、決してめげませんでした。

そう、人生はいつでもやり直すことができるのです。

人の命には限りがあります。誰もが必ず死を迎えます。

それを実感したのは、医大を出たあと大学病院に勤務しながら、週1回のペースで老人病院に出向していたときのことでした。

今はその役割は「介護医療院」に引き継がれていますが、要は長期で入院する高齢者を引き受ける病院のことです。

そんな中で夜勤をしていると、毎夜、必ず1人は亡くなる人がいました。

家族と引き離され、寝たきりで過ごす人たち、孤独に死を迎える人たちを見ていると、日本の医療の在り方を深く考えさせられると同時に、**「いずれは自分も老い、死んでいくのだ」**と痛烈に思い知らされました。

死は誰にでも訪れます。

今、あなたの周りにいる人、あなたも含めて、そしてもちろん私自身も、**100年経ったらほとんど誰もいない**のです。

そうであれば**今、この人生を後悔することなく、思い切り生きよう**と思いませんか？

人生にはさまざまな苦難が押し寄せてくるものです。

- **お金や人間関係で非常に苦しい状況にある。**
- **つらい出来事があって人生に行き詰まっている。**
- **生きる目的を見失って、もがいている。**

でも、こうした苦境に立たされ、人生のどん底を味わっているときほど、**「いつからでもやり直せる」「人生を今日、たった今からやり直そう」と考えてみてほしいのです。**

今日この日から、命を全うするその日まで、残りの人生を逆算してみてください。

くだらないことで悩んだり、やりたいことを後回しにしたりするヒマなどないと思いませんか？

人と比べて落ち込んだり、コンプレックスで悩んだりするのも時間のムダだと思えるはずです。

そして、本当にやりたいこと、特に今まで後回しにしていたけれど挑戦してみたいこと、やり直したいことが明確になってきませんか？

そう、「人生をやり直す」と決めたら、本当に大事なことしか見えてこないのです。

余計なしがらみや義理、やりたくないのに仕方なくやっていること、面倒くさい人間関係、そういったことにがんじがらめになっているから人生は苦しいのです。

あなたの人生に要らないことは全部リセットして、やりたいことだけに目を向け、人生を思い切り楽しみませんか？

それをみなさんにお伝えしたいというのが、本書のすべてです。

「やりたいことをやるにしてもお金がない」

「人間関係が面倒くさくて、自分らしくどころか、自分を殺して生きている」

「人生苦しいことばかり」

という声もあるかと思います。

大丈夫です。

本書には**今日から人生をやり直すためのヒント**を、めいっぱい盛り込んでいます。私自身の過去の失敗や挫折に基づき、「こうしたらうまくいく」という法則を、できる限り入れ込みました。

- **人間関係の悩みの解消法**
- **仕事における成功法則**
- **お金の儲け方**
- **コンプレックスの克服法**
- **挫折から立ち直る方法**
- **豊かで充実した毎日を送る方法**

など、きっとみなさんの参考になるヒントが詰まっていると思います。

つたない文章ですが、本書を手に取ってくださったみなさんが笑顔になり、明るい気持ちになっていただけたら心からうれしく思います。

さあ、**私と一緒に今日から新しい人生を始めましょう！**

東京美容外科統括院長・医学博士　麻生 泰

contents

第2章

人生を今日からやり直すなら、他人を変えようとしないで自分が変わろう

第3章

人生を今日からやり直すなら、今度は「お金持ち」になろう

第6章

人生を今日からやり直すなら、見た目も若く美しくなろう

第1章

人生を今日からやり直すなら、自分を信じて未来を切り開こう

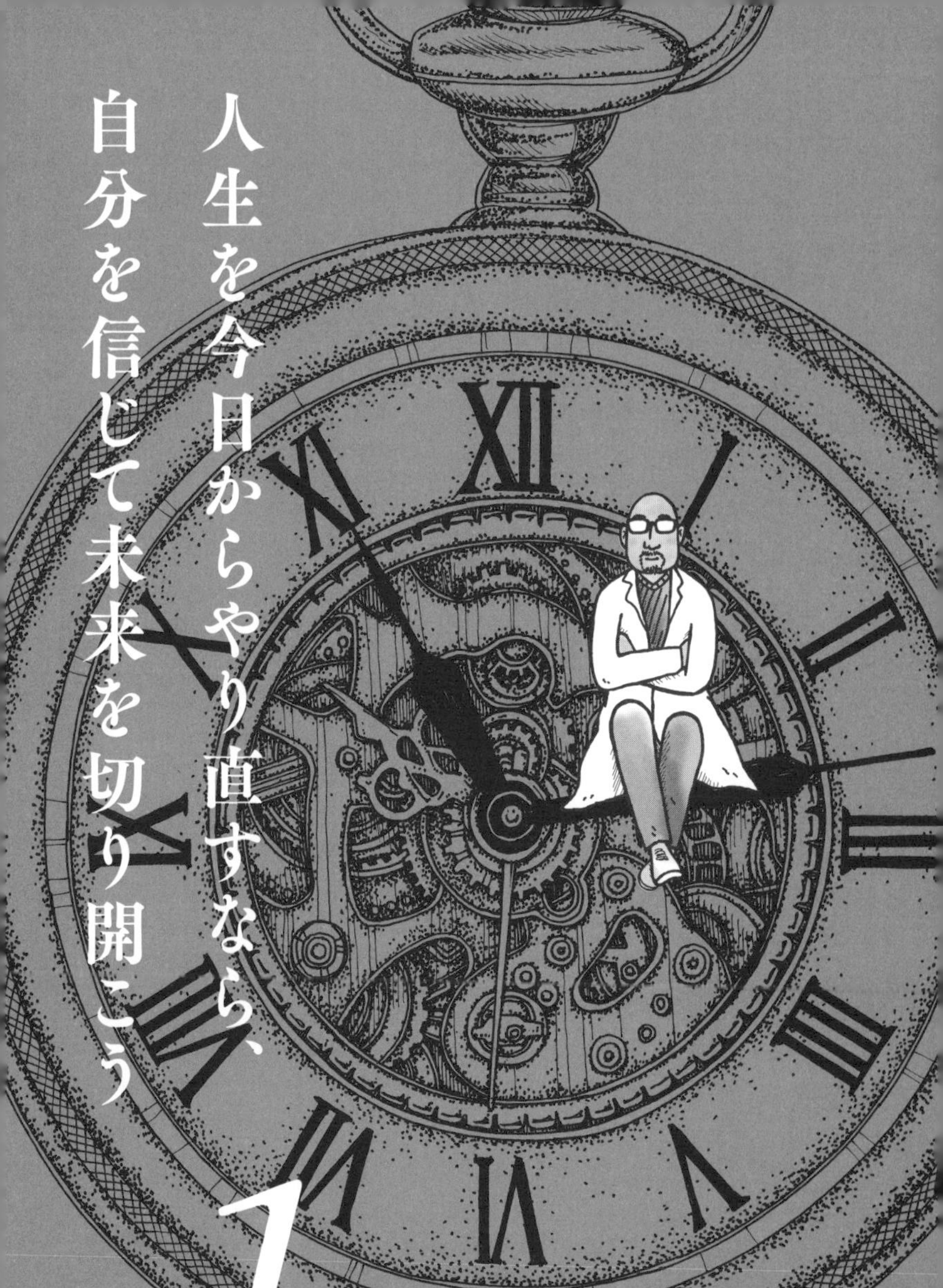

家に米すらなかった「人生のどん底体験」がもたらしてくれたこと

超リッチ生活からド貧乏暮らしに

みなさんにとって、「人生のどん底」とはどんな体験のことでしょうか。

恋人に浮気や借金がバレてフラれた、仕事をクビになったなど、さまざまなつらい出来事が思い浮かぶはずです。

私自身も「家に米がなく、知り合いにもらいに行っていた」「暴力団に家を追い出されそうになった」という経験をしています。

でも今はつらいのかもしれないけれど、この「どん底を知っている、体験している」ことが、意外なことに人生においては大きな強みになるのです。

私は1972年、大阪に生まれ、奈良で育ちました。

父親は手広く事業を営む実業家。私が生まれたときは事業が大成功していて、家はきわめて裕福でした。大きな家に住んでお手伝いさんが2人。1人は料理を作ってくれる人、もう1人はお掃除担当でした。

テニスコート付きの別荘もあって、週末や夏休みは家族でそこで過ごしました。

もちろん欲しいものは何でも買ってもらえました。当時の男の子の憧れはラジコン。私は誰からもうらやましがられる、めっちゃ大きくて精巧なものを持っていました。ヴァイオリン、絵画、テニスなどの習い事もしていて、まあ絵に描いたようなお坊ちゃんでした。

その頃は「将来何になる」という希望は特になかったけれど、漠然と父親の事業を継ぐんだろうなと思っていました。


ところが私が小学校5、6年ぐらいになると、**事態は一変**します。父親の事業が傾いて、家が突如として**ド貧乏になってしまった**のです。

父親は家に帰ってこなくなり、宗教にすがった母親は泣きながら何時間もお題目を唱えている。

その姿を見て、**「これは親には頼れない、自分で何とかしないといけない」「自分に力があればこんなことにはならないのに」**と子ども心にも強く思ったのを覚えています。

あれは間違いなく**私の原点**だと思っています。

そんな状態ですから今日食べるものがない。晩御飯の準備をしようと母親が米びつを開けても、米が一粒も入っていません。

すると母親は、「ちょっとトオル君、ご飯もらってきて」と言って私をお使いに出すのです。ほかにきょうだいもいるのに、なぜか私の役目でした。

３軒隣にうちと仲のいいO《オー》さんという人がいたのですが、どんぶり鉢を持ってそこに行って「お母さんがお米をちょっと切らしちゃったから、ご飯分けてもらえませんか」と言って分けてもらうのです。

「お金がなくてお米が買えない」とはとても言えませんでした。でもOさんはそんなことはお見通しだったと思います。

それまで**お坊ちゃん育ちでプライドも高かった私には、かなりつらい経験**でした。

暴力団に脅されて痛感したこと

暴力団に家を追い出されそうになったこともあります。

父親が我が家の土地か建物を担保にして借金をしていたのです。債権者としては、そこに住んでいる私たち家族を追い出さないことには売れないため、暴力団を使って立ち退かせようとするわけです。当時は「暴力団員による不当な行為の防止等に関する法律（暴力団対策法）」もない時代で、そういうことが横行していました。

父親のいないスキを見計らって暴力団が数人で「オラ～～ッ」と叫びながら玄関を蹴破って入ってくるのです。

見るからに堅気でない、おっかないお兄さんたちが**「出てこい！」「どこやーッ」など**と怒鳴りつつ家捜しを始めるわけです。

家族全員、恐怖におののいて必死に隠れるのですが、結局は発見されてしまいます。暴力を振るわれるようなことはさすがになく、言葉で脅されるぐらいでしたが、**子どもの私**

には恐怖体験でしかありませんでした。

またあるときは、暴力団が「出てこいや！」と突然ドカドカと家に踏み入ってきたので、私はとっさにベッドの下に隠れました。すると、１人が私のいる部屋にも入ってくるではありませんか！　当然ベッドの下もチェックするに決まっていますよね。

そこで隠れている私とバッチリ目が合ってしまったのです。私は凍り付き、身じろぎもできませんでした。

しかし次の瞬間、その人は「チッ、いねーわ！」と言って、何事もなかったかのように部屋を出ていってしまったのです。

ヤクザも人の子です。子どもを引きずり出して脅すなんてことはしたくなかったのでしょう。

しかし私はこのときの恐怖を忘れません。そして強く思いました。

それは**「貧乏は絶対に嫌だ！」**ということです。

これが後の私の**「なんとしてでも成功しよう」というモチベーション**になっています。

どん底を味わった人間だけがつかみ取る強い思いというのがあるのです。

だから、「今、人生のどん底にいる」という人は、落ち込む必要などありません。このつらい体験を「成功への強い思いを手にするチャンス」と捉え、行動していけばいいだけなのですから。

今日から人生をやり直すためのヒント

どん底を味わえば「絶対に成功する」という強い決意が生まれる

挫折体験は人生の宝となる

「成績普通」から医学部を目指す

「父ちゃん、オレは立派な医者になってみせるぜ！」

私が医者を目指したのはほかでもない、**手塚治虫さんの漫画『ブラック・ジャック』を読んだことがきっかけ**です。

「事故に遭った人の顔を別人に作り替える」という話に感動し、形成外科医になりたいと思いました。

それともう1つ、やはり父親の事業の失敗でお金の苦労を嫌というほど味わってきていますから、**経済的に安定した職業に就きたかった**というのもあります。不安定極まりない生活から抜け出すために、**医師免許は人生を変える切符になる**と思いました。

そしてこれはちょっと美談めいた話なのですが、私の母親は幼少時のトラブルで片方の目がほとんど見えません。そんなこともあり、私が子どもの頃、「子どもが4人もいるのだから、誰か1人ぐらい医者になって、私の目を治してくれないかな」と母がぼそっと言ったことがあります。そのことも頭のどこかにありました。

ただ、医者を目指すという夢を持ったことが、長きにわたる挫折体験の始まりになるとは、このとき1ミリも想像していませんでした。ですが、私が今人生を存分に楽しめているのは、この挫折があったからこそなのです。

隣の子に言われた衝撃的な言葉

医者になることを決意したのは高校2年のときです。その頃、父親はまた事業を復活させていて、医学部に行けるぐらいの余裕はありました。

しかし問題がありました。それは**私の成績**です。私の成績はごく普通で、とても医学部を受けるレベルではありません。部活でバスケットボールに熱中しており、勉強にはまったく身が入っていなかったのです。

手始めに、それまで在籍していた普通クラスから進学クラスに編入させてもらったのですが、**初日から唖然**としました。**全員が食い入るような目で授業を聞き、シャープペンシルを一斉に走らせてド真剣に勉強しているの**です。そんなに真剣に勉強をする人など、見たことがありませんでした。

さらに驚いたのは、**先生が何を言っているのかさっぱりわからない**ことでした。「○○で～、××であるので、△△になって～～」といった感じで、内容がまったく頭に入ってこないのです。

それを先生に訴えると、「急に進学クラスに入っても付いていけないのは当たり前だ。自分のペースで、できるところから始めなさい」と言われました。

それで素直に自分のできるところから勉強していたら、隣の席の子が不思議そうにのぞきこんでくるのです。彼も医学部志望でした。

「トオル君、何してるの?」と聞かれて、「いや、オレ、今まで全然勉強してこなかったから、数Iからやり直してるんだ」と答えました。

そのときの相手の反応は衝撃的でした。

「お前それ、連立方程式じゃないか? 数Iじゃなくて中2で習うやつだぞ」

「…………!?」

あのときのショックは忘れません。**私が「数Ｉ」だと思っていたものは、「中２の数学」だった**のです。

高校２年になるまで、勉強に対して一度も本気を出したことがなかった結果がこれでした。そもそも勉強の習慣というものがありませんでした。

野球選手だって、素振りをしないでいきなり試合でホームランを打てるわけないですよね。**全然勉強をしてこなかったヤツが急に勉強しろと言われてもできるわけがない**のです。

そんな状態でしたから、**現役時に全落ちしたのは当然**でした。

「うまくいかない人」には共通項がある

見事、浪人生になった私は、大阪に出て１人暮らしをしながら予備校に通うことになりました。

最初はがんばって勉強していたものの、すぐに**グダグダの浪人生活**に突入していきます。

というのも、予備校では「浪人仲間」ができるわけです。するとその仲間でつるむようになります。ファミレスに集まって、「オレら、来年はイケるかな〜〜」などとお互いにぼやき合って時間をつぶすのです。

もちろん情報交換をすることもありました。どこそこの大学はこういう問題が出るらしいぞとか、あの参考書がいいとか。

でもその後、参考書だけ買って満足してやらないというパターン……。

合格するためには努力するしかないのに、それをやらずに悩んでいたのです。**成功できない人というのは「悩んでいる時間」が長い**のです。

結局それまでの人生で、私には「成功体験」というものがありませんでした。だから、わからなかったのです。**つべこべ言わずにやるしかない、勉強するしかないのに、それがまったくできていなかったのです。**

あと**ホントのことを言うと、彼女ができて遊んでしまった**というのもあります。

こうして、1浪目も全落ちでした。

2浪目も似たような感じで多浪仲間とつるんでしまい全落ち……でしたが、実は1校だけ、私立の歯学部に補欠合格できました。でもギリギリのところで繰り上げ合格できなかったのです。その年はたまたま合格を辞退する人が少なかったと聞きました。

なぜ歯学部かというと、当時は医者と歯医者の違いもよくわかっておらず、**「どっちも医者には違いないだろう」**と手あたり次第に受けていたからです。

でもあのとき繰り上げ合格していたら、**今の私も東京美容外科もないし、私の開発した豊胸術もない**わけです。それを考えると感慨深いものがあります。

医学部3浪の絶望

そして3浪目……。

3浪すると人間、どうなると思いますか？

病みます。心が壊れます。

何度もやめてしまおうと思ったけれど、やめることすらできません。

今でも覚えているのは、先に医学部に受かった友達と一緒に気分転換に飲みに行ったときのことです（=成人しちゃった浪人生）。

そこで知り合った女の子に「こいつとこいつは医学部に通っていて……忙しくてなかなか遊びにも行けないんだけど」などとみんなで自己紹介をして、私の番になりました。

「オレは浪人生。まだ受かってないんだよね」と言ったとき、その女の子にされたことは今でも忘れません。

タバコの煙をふ〜〜〜っと思いっきり顔に吹きかけられたのです。

要は**「浪人生などお呼びでない」「早く帰れば〜」**という意味です。正直、悲しかったです。


当時20歳。私だって遊びたい盛りです。

大学に入った友達はサークルだ、デートだと大学生活を謳歌《おうか》しているわけです。

そんな中、こっちは夏の暑い日も冬の寒い日も自転車をギコギコこいで代々木ゼミナールに通わなければなりません。

先に歯学部に入った友達が**「トオルも大変だろうから」**と言って、予備校に車で迎えに来てくれたことがありました。彼の車は、親に買ってもらったであろう、日産シルビアでした。

それを見た瞬間、私の口から出た言葉は**「なんや、お前、それ自慢か？」**。

日産シルビアといえば、当時の若い男性の憧れの車種。**今でいう「モテ車」**でした。友達は親切心で迎えに来てくれているのに、それを素直に受け取れないほど、私の心は卑屈になっていたのです。

先が見えない、夢が持てない

秋になるとさらなるショックな事態が私を襲いました。

友達が就職活動を始めたのです。現役で進学した友達は大学3年生ですから、就職活動の時期なのです。

「商社に就職して世界中を飛び回るんだ」

「車が好きだから自動車メーカーで営業がやりたい」

楽しげに将来を語る友達が眩《まぶ》しくて……。万年浪人生活でもがいている自分とのあまりの違いにうちのめされる思いでした。

「オレってなんでこんなにダメなんだろう」

ついに私は部屋から出ることもできなくなりました。

よく受験に失敗して引きこもりになる人がいますが、私にはその気持ちが痛いほどわかります。

先が見えない、光が見えないのです。

ヒゲもぼうぼうのまま、部屋に悄然と座り込む私……。

あのつらさたるや、言葉では表現できません。

私は**今でも受験の夢**を見ます。

受験が近づいてきているのに「あの科目も終わっていない、この科目も終わっていない」「今年も無理かもしれない！」「どうするんだよ、オレ！」と焦りまくっている夢です。

朝、ハッと目覚めて周りを見渡し、「ああ、そうだ、オレは医者になったんだ」「クリニックも持っているんだ」「手術もできるし」と自分で自分に言い聞かせてやっと安心します。

それだけ追い詰められていたのです。

本当に苦しい体験でしたが、**人生の早い段階で大きな挫折を味わったことは、やはりよかった**なと思います。

あのときストレートで医学部に合格して、スムーズに医者になっていたら、**私はきっと**

慢心して、どこかで大きなしくじりをしていたような気がします。「東京美容外科」もなかったかもしれません。

挫折したからこそ、初めて気づくことが多々あります。私の場合なら、参考書を買って満足していただけの自分に気づいて反省し、「じゃあどうすればいいか」と考え抜いたことで、初めて謙虚になれました。自分の限界を知ったからこそ、人のアドバイスや助けも素直に受け入れられるようになり、それが人生をやり直すときの力になるのです。

今日から人生をやり直すためのヒント

挫折があるから人は謙虚になれる。
それは人生をやり直すときの宝となる

あきらめなかった人にしか運は巡ってこない

最後の力を振り絞れた訳

「医学部3浪」は間違いなく、私の人生で一番つらい出来事でした。**あのときのつらさを思えば、今はもう少々のことが起こってもなんてことはありません。**後に述べるように、開業した後、1億円を横領されるという事件がありましたが、そのときも私はくじけませんでした。

もちろんそれも腹は立ったし、悔しかったけれど、がんばって稼げばいいだけです。**「光」が見える**話じゃないですか。受験のときはそれがないから苦しくてたまりませんでした。**闇でした。闇でしかない。**

でも**そんな私を励ましてくれる友達**がいました。

部屋に訪ねてきて、「お前ならがんばれる」「もうちょっとじゃないか」と声をかけてくれる友達がいたのです。

その言葉にも励まされ、**まさに「今ここからやり直すつもりでがんばろう」と私は思いました。**

そして最後の力を振り絞って、合格にこぎつけることができました。

あそこから這い上がれたから今があります。

ちなみに3浪の果て、ついに合格したと連絡したとき、親の第一声は、

「ウソやろ!!」

でした（笑）。

3浪している間、親は特に「もうやめろ」などと意見をすることはありませんでしたが、合格するとも思っていなかったようです。慌てて「入学金どうする？」と言ってかき集めてくれました。

合格の秘訣は「あきらめなかった」こと

3浪ということからもおわかりのように、私は決してもともと優秀なタイプでも何でもありません。高校でも予備校でも本当に優秀なやつは「一を聞いて十を知る」がごとく、どんどん知識を吸収して合格していきました。

そんな優秀さを持ち合わせていない「普通の人」だった私が、唯一違ったのは「あきらめなかった」ことです。

ひどい自信喪失にも陥ったし、「やめてしまおう」と何度も思ったけれど、それでもあきらめなかった。

これは非常に重要なポイントだと思っています。

というのも、優秀な人が受験が近づくと怖くなって受けるのをやめてしまう、というケースが往々にしてあるのです。

そこを目指して、それまでめちゃめちゃ努力してきているのに、直前で怖気《おじけ》づいて第一志望を受けず、偏差値を落とした大学に逃げてしまう人をたくさん見ました。

「絶対無理だから」「どうせ受けても落ちるだけだから」と思って、敵前逃亡してしまうのです。

もちろん私にはその気持ちがすごくよくわかります。志望校のランクを落としたらその分、気はラクになるでしょう。そういう人は、時として自分の実力を過小評価しすぎていることがあります。

しかし当たり前のことですが、「この大学は無理だから」と言って受けなかったら絶対に合格することはないのです。

受けてみたら「ひょっとして」ということがあるのです。無謀な挑戦をした人が実力以上の大学に受かるというケースだってあります。

自分を信じられず、チャレンジをしない。そういう人はチャンスを逃します。

「敵前逃亡」は何も生み出さない

これについては実は私自身、こんな痛い経験をしています。

1浪目のとき、ある医大を受験したのです。模擬試験では、合格可能性80％以上を意味する「A」判定をもらっていたので、そこそこ自信をもって臨みました。

1時間目が英語の試験でした。それが今までのその大学の過去問にはなかった、すこぶる長い文章だったのです。私はパニックに陥りました。

当時は「設問に関するところだけを読んで訳す」という受験テクニックもなかったため、頭から読み始めました。当然時間が足りなくなって、解答はもうボロボロ。

あまりにできなくて「このあとの科目がどれだけできても絶対に無理だ」と悲観した私は、その後の科目を受けることなく放棄してしまったのです。

今でも覚えています、泣きながら帰宅したことを……。


ところがなんということでしょう。後から聞いた話ですが、私が放棄した数学、生物・物理はビックリするほど簡単だったそうなのです。

一緒にその大学を受験した友達がいたのですが、彼は合格しました。正直言って彼は私より偏差値が低いぐらいでした。彼は別に英語が得意だったというわけではなく、英語の試験はやっぱりボロボロだったそうです。


彼と私の違い、合格・不合格を分けた「たった1つのこと」、それは「彼はあきらめずに

チャレンジした、私はあきらめて帰った」ということです。
最後まであきらめてはダメなのです。

大切なのは、スタートラインに立ち、ダメもとでチャレンジしてみることです。もし敵前逃亡したくなったり、日和《ひよ》って目標のレベルを落としたくなったときは、人生には「ひょっとして」が往々にしてある、ということをぜひ思い出してください。

今日から人生をやり直すためのヒント

人生は何が起こるかわからない。
最後まであきらめなければ
どこかで勝機が巡ってくる

一歩を踏み出さなかったら何も起きない

行動した人だけが「結果」を手にする

19歳の未熟だった私は、泣いて家に帰ってしまいましたが、このときの教訓はその後、慶應の大学院を受験したときに生きました。

後にお話ししますが、出身大学のことを揶揄《やゆ》された私は、学歴コンプレックスを払拭すべく、慶應の医学部大学院受験を思い立ちました。

当然ですが、入試は難関中の難関。面接と筆記で行われ、筆記はすべて英語です（英問英答）。それも**医学の専門用語がびっしり並んだ、難解極まりない長文**が出題されるのです。

仕事の合間に勉強はしていましたが、とても受かるレベルに到達できているとは思えませんでした。

試験当日の朝、目覚めた私の脳裏に浮かんだのは、

「ダメだろうな……」

という言葉でした。

「どうせ落ちるのだから、行っても仕方ない。このまま寝とこ」と私は布団をかぶりました。

「来年がんばればいいや」

二度寝を決め込んだ私でしたが、やはり気になって目が冴えてしまいました。

「……このまま行かなければ、あとは落ちるだけだな」

仕方がない、行くだけ行こうと、**「えいやッ」と自分を布団から引っぱがすようにして起き上がり**、時間ギリギリで試験会場に向かいました。

そのとき奇跡が起きた

筆記試験では英語の長文問題が2問出題されます。

「2問ともちんぷんかんぷんだったらどうしよう……」

恐る恐る1問目の問題文を読み始めたところ、なんということでしょう、**私の知っている内容**ではありませんか！

「子宮頸がんの検査方法」についての問題だったのですが、私はそれを大学病院で産婦人科を回ったときに学んでいて、バッチリ知識があったのです。

英文は難解すぎて全部は読み取れません。でも**内容がわかっていたから、自分の知識で補って答えを書くことができた**のです。これがまったく知識のない内容だったらお手上げだったでしょう。

2問目は「ジェットラグ（Jet lag）がどういう機序で起こるか」という内容でした。ところが「ジェットラグ」という単語の訳がわからない。おそらく「時差ぼけ」のことであろうとは思ったものの、医学的に「時差ぼけ」という訳でいいのか、今一つ確信が持てません。

そこで回答では**「いつもこうやって使っているから」というテイ**で、「Jet lagは〜〜」「Jet lagが起こるため〜〜」みたいな感じで、すべて「Jet lag」と英語表記で切り抜けました。

病名や症状を英語表記するのは、論文などでもよくあることですから、別におかしいことではありません。あとで調べて「ジェットラグ」が「時差ぼけ」とわかったときはフーッと肩の力が抜けました。

こうして予想外の展開となって英文問題をなんとかクリア。面接もうまいこと切り抜け……なんと**結果は合格。**本当に奇跡的な出来事でした。

私を慶應に推薦してくれた教授にあとから聞いたら、英語の試験は私が最低点だったそうです。

朝、「無理だから」と思って試験を受けに行かなかったら、この奇跡は起こらなかったのです。

東京進出3回失敗

「あきらめずに挑戦する」ことはクリニックの運営にも生かしています。

私は**東京進出を3回失敗**しています。

地方からスタートした「東京美容外科」ですが、「東京」と名乗りながら、東京にクリニックがない状態が長く続きました。

後述のようにそれもマーケティングだったわけですが、でもやはりあるときから東京にも進出してメジャーを目指さないとダメだと思い、東京での開院を決意しました。

最初は新橋、次に恵比寿に開院し、両方とも撤退しました。その後、表参道に出すも、うまくいかず。閑古鳥が鳴くとはあのことです。

美容外科の少ない地方では集客できるのに、ライバルの多すぎる東京では全然ダメでした。

もう東京はパイロット店というか、旗艦店のような形で、置くだけ置いておいて、必要なときだけ開けばいいかと半ばあきらめかけていました。

でもあるときふと、**「美容整形をもっと身近なものにしていくために、表に出てくれる広告塔的な存在がいたらいいかもしれない」**と思いついたのです。

そこで依頼したのが、後述するヴァニラさんです。それが見事に当たり、東京美容外科は徐々にメジャーな存在となり、東京のクリニックにも人が殺到するようになりました。

美容皮膚科が大当たりした理由

それから最近ではこんな経験もしました。

ちょっと前にレーザーやしわ取り注射などに特化した「美容皮膚科」を開院したのですが、これがずっと赤字続きでした。ニーズはあるものの、料金の安い韓国で施術を受けてきてしまう人が多く、競争力がなかったのです。

税理士さんにも「もう撤退したほうがいいのでは」と言われて、悩んでいました。

ところが**新型コロナウイルスの感染拡大で、海外渡航が難しくなり、一気にうちの美容皮膚科に人が集まった**のです。

もちろんそれはラッキーに過ぎません。でも**あきらめて撤退してしまっていたら、そのラッキーも起こらなかった**わけです。

なんでもかんでもあきらめなければよいという話ではありません。なかには「勇気ある撤退」も必要な場合もあるでしょう。

でも**とりあえずやってみること、自分が納得するまでは続けてみることが大事**だと思うのです。

今日から人生をやり直すためのヒント

とにかく自分を信じてやってみること。
一歩を踏み出さなければ何も始まらない

第2章

人生を今日からやり直すなら、他人を変えようとしないで自分が変わろう

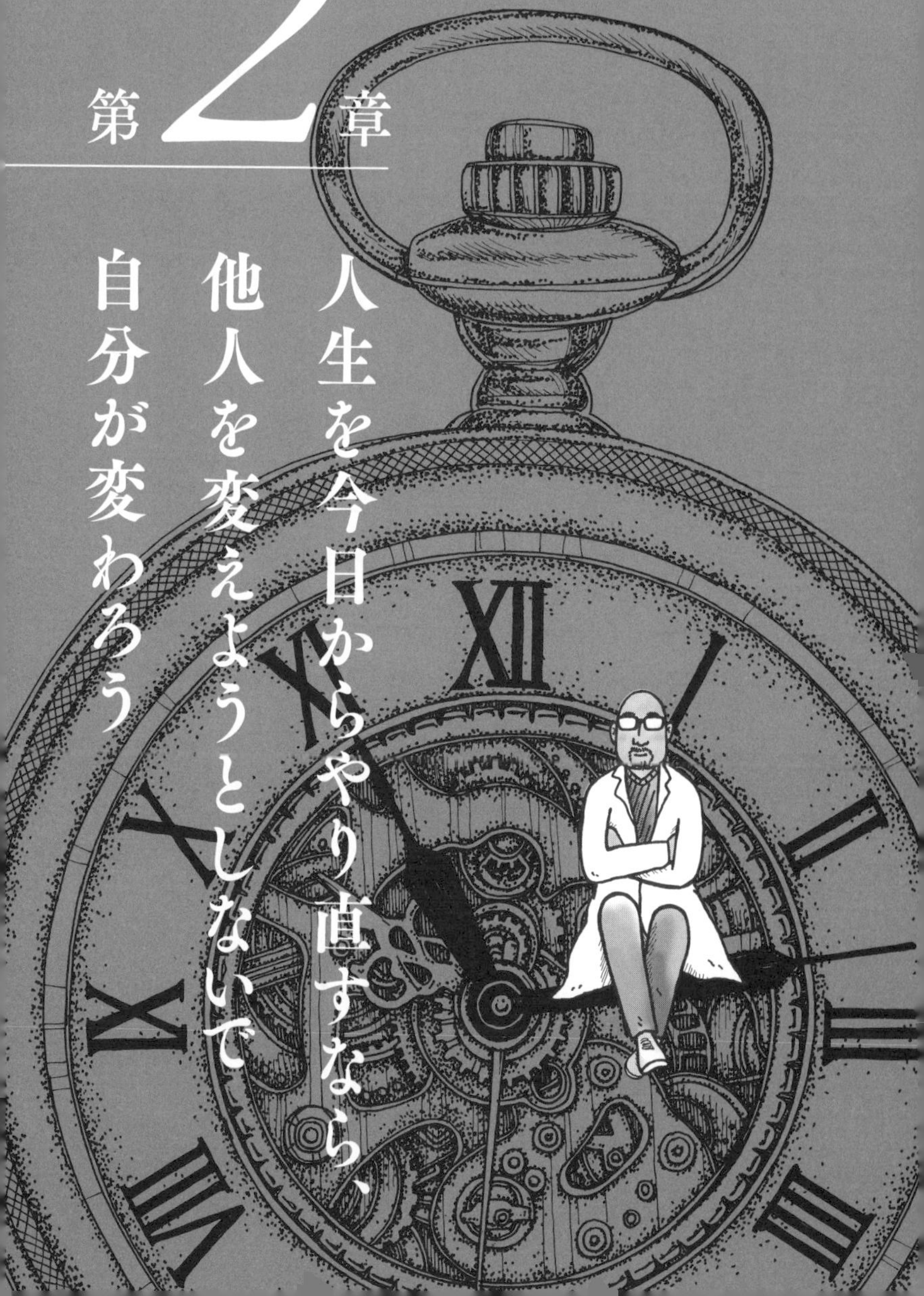

考え方1つで
悩みもトラブルも一気に消滅する

落ちこぼれの私がエリートに勝てた「たった1つのこと」

会社でも家でも「上司が無能だから、残業が増えて迷惑している」「親が貧乏で塾に行けず志望校に受からなかった」など、いろいろなことがあります。時には他人や環境のせいにしたくなってしまうこともあるかもしれません。

でも、上司の能力を高めたり、親の稼ぎを増やしたりすることはできませんよね。そこで怒ったり嘆いたりしながら人生を終えるのか、それとも他人ではなく自分が変わることで人生を今日からやり直すのか。あなたはどちらの道を選びますか？

私は断然、後者です。

なぜそう考えるようになったのかを、少し長くなりますがお話ししていきますので、どうかお付き合いください。

話は大学を卒業し、医者になったときのことに戻ります。研修医を経て、私は希望通り形成外科医になりました。

形成外科でもいろいろな専門があるのですが、私の場合は、がんなどの手術の後の再建を専門にしていました。

たとえば舌のがんや上あごのがんの摘出手術を行うと、顔に大きく欠損部ができてしまいます。そこに、太ももやお腹から持ってきた組織を移植し、修復するのです。

勤務していたのは、その分野では実績のある国立の大学病院。一緒に入った新人は有名大学卒の優秀な人ばかりでした。**3浪の挙げ句、医学部の中では決して偏差値の高くない私大卒の私は落ちこぼれ中の落ちこぼれ**です。

ところが**手術を始めると、意外なことに気づきました。**

国立大学卒の優秀な先生が、手が震えてうまく切れなかったり、逆にドカンと大胆にメスを入れて大出血をさせてしまったりするのです。

それに比べて……というのも何ですが、**私は手術が得意**でした。

たとえばメスを入れて組織をはがすとき、皮膚の下は皮下組織、筋膜、筋肉といった層になっているのですが「この層からはがしたらキレイにはがれるだろうな」ということが勘でわかり、キレイにはがすことができました。

あるいは縫合するときも、「自分の手の特徴」を踏まえ、針の向きを微妙に変えたり、左手を器用に使ったりしながら、うまく縫うことができました。

こうしたことは、ある程度までは教えてもらえるのですが、その先は**職人芸**に似たところがあって、やはり自分の頭で考えて自分なりにやり方を工夫することが重要なのです。

それはもうセンスの問題で、「勉強ができる、暗記力がある」ということとは別なのです。

「麻生君、オペうまいよね」

研修医時代も大学病院でも、よくほめられました。

もちろん大学病院には凄腕のスーパードクターがいて、その先生にはほど遠いのがわかっていたので、それで有頂天になることはありませんでした。

とはいえ「落ちこぼれ」でしかなかった私です。**「オレはこの世界でやれるかもしれない」**

と自信が芽生えはじめたのは大きなことでした。

憧れのスーパードクターに少しでも近づこう、がんで苦しむ患者さんを救おうと、私は希望に燃えていました。

将来は大きな病院の形成外科の部長になりたい。そのためには留学もしたいし、勉強ももっとしないといけない、と夢は広がるばかりでした。

私の人生を変えた「親の会社の倒産」

そんなときです。**私の人生を揺るがす大事件が起こった**のは。

ある日、勤務が終わって遅い時間に自宅のマンションに帰ると、大荷物を抱えた両親が来ていました。

「どうした？」と聞くと、**「いや実は、夜逃げしてきた」**と言うのです。

私の医学部在学中、またしても父親の事業は傾き始めていました。そしてついに、**会社が倒産**してしまったというのです。

「しばらくここに置いてくれ、面倒を見てくれ」と懇願され、受け入れるしかありませんでした。親には今までいろいろ迷惑をかけたという負い目もありました。

とはいえ、大学病院勤務の若手医師の給料などたかが知れています。その給料で2人を養って、借金まで返済するなんて到底無理です。返済が滞り、私のマンションにまで借金取りが押しかけてきたこともありました。

私は必要に迫られ、仕方なくアルバイトを始めました。

最初に行ったのは**包茎手術**で有名なクリニック。**包茎の手術は意外と難しい**のです。要は**「フニャフニャした状態のもの」を切らないといけない**わけですから。

でもここで経験したことは、かなりその後に生かされました。

大学病院の先輩には**「お金が必要なら美容外科がいいだろう。麻生君は手術がうまいんだから、いい給料もらえるぞ」**とアドバイスされたのですが、そのときの私は美容外科に悪いイメージしか持っておらず、その気になれませんでした。

当時、形成外科から美容外科に行くことは**「暗黒面に落ちた」**という言い方をされていました。**美容外科は悪い先生がお金のためにやるものであって、医師たるもの、大学病院で働くのが正しい道だ**と私は思い込んでいたのです。

人は変えられない、自分が変わるしかない

そんなある日、当直で疲れて帰ってきたときのことです。

母親が「コーヒーを飲もうよ」と言うので、私が淹れることになりました。キッチンに立って水道水をジャーッとポットに注いでいたら、母親が不満げにこう言うのです。

「水道水!? ミネラルウォーターで淹れないと、コーヒーはおいしくないよ」

ふーっとため息が出ました。

私は大学病院の仕事に加えて、包茎手術のアルバイトをして必死に働いているのに、コーヒーを水道水ではなくミネラルウォーターで淹れろという親……。

もちろん「たかがミネラルウォーター1本」のことではありますが、節約しようという気持ちを持ってくれないことが悲しかったのです。

「ああ、この人たちは変わらないし、変えられない。自分が変わるしかない」と思いまし

た。

こういうとき、私は腹を立てて相手を責める気になれません。**自分の器を大きくして、自分が変わればいい**と考えます。

人間ができているわけでも何でもなく、それが一番効果的だし、自分がラクだからです。**人生には限りがあるのです。変えられない人を変えようといくらがんばっても時間のムダです。それより変えられること、自分にできることをやったほうがはるかに建設的**です。

親が「変わらない」と思い知った私は、**「美容外科医をやるしかない。美容外科医になって金を稼ごう」**と決意しました。

いったん決めたら行動が早いのが私です。家にいた格好のまま、本当に文字通りスリッパ履きのままで家を出て新幹線に飛び乗り、神戸の美容外科クリニックを訪ねました。

面接をしてくれた先生も私の格好に驚いていました。

驚かれついでに「もう親がこんなんで、つらいんです」とボヤいたら、「わかったわかった、それならもう明日から来なさい」と言ってくれました。

「いや、麻生先生、オレも先生の気持ちわかるんだよ。オレも脳外科だったのに、親父が博打《ばくち》打ちで、家も会社も全部取られて。借金を返すのに仕方なしにこの世界に来たんだ。本当は脳外科をやりたいんだけどね」

その先生にこう言葉をかけられ、ああ、私の気持ちをわかってくれる人がいてよかったと、救われる思いでした。

その先生は、美容外科で稼いで親の借金を全部返した後、最後は脳外科の世界に戻っていきました。その生きざまは実にカッコよかったです。

今日から人生をやり直すためのヒント

人は変えられない。
自分が変わればいい

「お金」のためにプライドを捨てた男が手にしたもの

お金のために美容外科医になった私

他人を変えようとせず、自分が変わる。それを実践して美容外科医となったものの、本当にやりたかった形成外科医ではなくなり、大学病院もやめることになった私は、**「本流から外れた」**という後ろめたさに襲われ、失意の中にいました。

いったん手術に入ると**「この患者さんをキレイにして差し上げよう」と思えるし、集中して無心で手が動く**のですが、終わると**「なんでこんなことをやらなければいけないのか」**という思いがこみ上げてくるのです。

今思えばとんでもなく失礼な話&誤解もいいところなのですが、どこも悪くないところを手術することに疑問を感じており、**女性が男性をだますための片棒を担がされているよ**

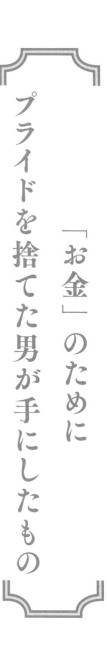

うな気がしていました。

美容外科医になったことは当初、医師仲間にも言えず、隠していました。が、そのうちバレてしまい、**「麻生はプライドを捨てた」「金の亡者になった」**などと陰口もたたかれました。

そんな話を聞いてショックを受けないわけがありません。

「オレはやっぱりダメなやつなんだ……」

芽生えかけていた自信もなくなり、私は落ち込むばかりでした。

私が泣いた1通の手紙

そんなある日、私に**1通の手紙**が届きました。

少し前に手術をした若い女性のお母さんからでした。

「先生が可愛くしてくれたおかげで、娘は今、お姫様のような生活をしています。顔に自信が持てたことで人生がガラッと変わり、彼氏もできて、みんなに大切にされて、毎日が幸せで仕方がない様子です。私もそれを見てもうれしくてたまりません。本当に先生には感謝しています。ぜひ一言お礼を言いたくて手紙を書きました」

この手紙には涙があふれました。

考えてみれば、**豊胸でキレイになったバストを見て涙を流す女性**や、**カウンセリングのときはビックリするほど表情が暗かったのに、術後は別人のように笑顔がはじけて明るくなった人**など、とにかく手術を受けた人みんながすごく喜んでくれるのです。

今は術後の様子をSNSで発信している人も多いですよね。それらを見ると、みんな人生が激変して幸せになっていくのが実感できます。可愛くなって有名になる女性もいれば、なかには**アラブの王族に見初められた女性**もいました。

私が美容外科医になったことで、こんなにも喜んでくれて、人生が変わる人がいるのだという事実、それが私の目の前にありました。

理想とは違っても「今」にフォーカスすれば道は開ける

美容外科医は確かに病気を治したり、命を救う仕事ではないかもしれません。しかし、**自分の能力が発揮できて、「人を喜ばせる」という何物にも代えがたい価値を生み出す仕**

事なのです。そして**その人の人生の力になれる仕事**でもあります。

人を笑顔にできる仕事、人に喜んでもらえる仕事、そんな仕事に携われるということがどれだけ幸せなことか。そして**急にいやらしい話になるけれど、お金も儲かる**（笑）。

当初、自分が思い描いていたお医者さん像とは違うけれど、**今からしがらみもネガティブ思考もすべてリセットして新しく美容外科医としての人生を始めよう**と、私は決心したのです。

選んだ以上、もう振り返らない。**「美容外科で一番になろう」**と心に決めました。

人生には思いどおりにならないことがいくらでもあります。でも理想とは違っても、今目の前にあることに対し、先入観を捨てて全力で取り組んでみる。そうすれば、必ず新しい扉が開けていきます。

今日から人生をやり直すためのヒント

人に何を言われようとも、「今」できることに全力で取り組めば道は開ける

何があっても折れない心を持つ

1億円を横領される

あれは今から10年ちょっと前、東京美容外科は順調にクリニック数を拡大している最中でした。

突然、税務署の人たちがドカドカとクリニックに入ってきたのです。

何かと思えば、

「麻生先生ね、お金、どっかに隠してるでしょ」

と言うではありませんか。

「は〜〜〜っ？？？」

約1億円分の売り上げが計上されていないというのです。

寝耳に水とはこのことです。

うちのクリニックには経理部門があり、そこに何人も雇っていたし、税理士の先生もいるし、チェックする人がいっぱいいいて、不正経理ができるはずもないのです。少なくともその時はそう思いこんでいました。

「さてはオトンだな~~!?」

私は家に帰って父親を問い詰めました。

実はそのちょっと前まで経理は父親に頼んでいました。父親はさすが長年会社を経営していただけあって、経理もできたし、新規開院の資金繰りのことなど、事業拡大においてはいろいろ力になってくれていたのです。

でも父親に経理を任せておくと、**ちょこちょこ怪しい使い方をする**わけです。家に帰るとテレビがやたらでっかくなっていたり、台所が急にいい設備になっていたり……。要は、それらをすべて経費で落としていたのです。

大した額ではありませんが、うちは個人事業主ではないので、「家計消費」のノリで使われてしまうと困るわけです。

法人もある程度大きくなったら、絶対に怪しいことをしてはダメで、全部キレイに申告して税金もきちんと支払わないと足をすくわれます。

とはいえ、父親のことですから、こういうことを言って聞かせてもムダです。そこで父親は経理から外れて会長職になってもらい、経理は経理部長のTに一任することにしていました。

だから父親はクリニックの金に手を出せるはずがなかったのですが、それ以外に思い当たることがなかったのです。

疑惑をぶつけると父親の怒るまいことか。

「アホなこと言うな！　ワシはあれからは一銭も使ってないわ！　お前こそ勝手に使ってるんじゃないのか！」

そこからはもう、親子でつかみ合いのケンカです。

「オレが使うわけない！　そもそもオレは全部カードで支払ってるから、明細が全部わかるわ！　やましいことなんか1つもない！」

「ワシだって全部カード払いだぞ！」

「……」

そこでようやく2人とも「ちょっと落ち着け」という話になり、**それぞれ明細を出して突き合わせをしてみました。**

本当に不審な点は1つもありません。

2人して顔を見合わせた瞬間、父親がボソッと言いました。

「……アイツかもな」

急に羽振りがよくなった人物

実は少し前に、行きつけの寿司屋の大将にヘンなことを言われていました。

「先生のところのT経理部長ね、北新地で白いスーツを着て、お姉ちゃんを両脇にはべらせてゴキゲンで歩いていたよ」

Tは、**「マジメ実直」を絵に描いたような男**です。

とてもじゃないが、彼が女性をはべらせて銀座をのし歩くイメージが湧かず、私は**「人**

違い、人違い」で片づけてしまいました。

ところがその後、いつも頼んでいる服屋さんからも**「先生のところの経理部長が派手に飲み歩いているのを見た」**と言われたのです。

言われてみれば、**Tは車はエルグランドのいいやつに乗り換えていたし、腕にはロレックス**をしています。

「実家がお金持ちだったかな？」と私は事ここに至っても疑うことをせず、そのままにしていました。

というより、仕事に忙殺されていた私は、そんなところまでかまっていられなかったのです。

ただ少し気になっていたのは、Tが頻繁に休むこと。両親の介護をしているとかで、有休以外にもよく休みを取っていました。

でも経理部には他にも人がいたし、仕事はちゃんと回っていたので、別に深追いはしていなかったのです。

1億円がキレイに消えた日

しかしこうなったら、もう彼を問いただすしかありません。

本人を呼び出したのですが、もう見た瞬間に問い詰める必要もないことがわかりました。汗をダラダラ流して真っ青になっていて、見るからに「私が犯人です」感が丸出しなのです。

聞けば「2000万円ぐらいを使い込んだ」と言います。

「そうか2000万円か、それならまあ、自宅のマンションでも売って返してや」と答えた私は**とんだお人よし**です。

使い込んでいたのは2000万円ではなく、税務署の言う通り1億円だったのです。

これにはさすがの私も開いた口がふさがりませんでした。

横領した金は飲み歩いたり、車や時計などにも使ったけれど、主にはギャンブル、競馬だと言っていました。会社を休んでATMでうちのクリニックの金を下ろし、競馬場に通っていたのです。

なんと北海道で馬まで買って馬主にもなっていたというからあきれます。

それを「両親の介護か、大変やな。がんばってや」と快く送り出していた私……。

しかも1億円はキレイに使い切っていて1円も返ってきませんでした。

これはもう**私が悪かった**のです。

大金を自由に引き出せる環境があり、チェックする体制も甘かったら、誘惑に負けてしまうのが人間の性《さが》というものです。

だからこそ、不正のできない仕組みを構築しておけばよかったのです。だから**自分のミスだった**と思っています。

ここまで悲惨な例でなくても、手ひどい裏切りに遭い、つらい思いをしたことのある人もいることでしょう。

そんなときたとえ100%相手が悪いと感じられたとしても、相手を責めても状況は一向に好転しないはずです。

相手のせいにしたくなるときほど、「この事態を防止できる術は何かなかっただろうか」「今からどんな対策が立てられるだろう」と自分にできることを考えてみてはどうでしょうか。

それができたとき、あなたはすでに「今日から人生をやり直す第一歩」を踏み出せているのです。

今日から人生をやり直すためのヒント

相手のせいにしたくなったら、
自分にできることはなかったかを考える

「割り切る力」も必要

横領された上に税金を払え!?

なかには「1億円横領されても、東京美容外科がつぶれたわけじゃないし、お金持ちならどうってことないのでは?」と思われた方もいるかもしれませんね。

しかし、**朝6時に起きて、飛行機に乗って、朝から晩まで手術をして、新しいクリニックを開こうと思って一生懸命貯めておいたお金**です。

当時のグループ全体の年商が20億円程度でしたから、そのうちの1億円を失うのは本当に痛手でした。

その**損失と信頼していた人物の裏切り行為だけでもショックなのに、さらにとんでもな**

い事態が私を襲いました。

税務署いわく、「横領されたとはいえ、本来申告されるべきお金が申告されていなかったのだから、その分の税金を払ってね」。

つまり1億円分の法人税を追加で支払い、さらに「過少申告加算税」といって、簡単に言えば罰金的なものも上乗せして払えというのです。

1億円を盗まれて1円も返ってこない上に、その分の税金プラス罰金を払わないといけないなんて、驚愕にもほどがあります。「泣きっ面に蜂」という言葉は、このときの私のために作られた言葉です。知らんけど（笑）。


今でも忘れられないのですが、**その税金の額というのが月に500万円**でした。毎月500万円儲かったと思ったら、その分がキレイに支払いに消えていくのです。

本当にこのときはつらかった。手塩にかけて育ててきたクリニックが本当につぶれるかと思いました。

毎月、スタッフに給料を払うと自分の給料がないのです。私も院長ですから、見栄もありますし、スタッフにはそれなりに豪華なご飯を時々ご馳走していました。

でも、**家に帰ると卵かけご飯などの質素なご飯を1人かきこむ毎日**だったのです。

過去を恨むより今できることに集中しよう

その後、Tにはしかるべき刑事罰が下されましたが、お金は返ってこないし、私の気持ちはまったくもって収まりません。

最初のうちは「Tのヤツ、一発殴ってやりたい！」「家に金返せと押しかけようか」と心の中でさんざん毒づき、モヤモヤが消えませんでした。

でも「待て待て」と思いました。

それをやったら失うもののほうが大きいわけです。医師免許をはく奪されたら1億円どころの損では済まされません。

そこで私は考えを変えました。

このままTを恨んで、「あのお金があったら……」「アイツさえいなければ……」と過去を悔やんでも何も生まれません。

Tをとっつかまえて殴ったとしても1円も出てきやしません。**変えられないことをクヨクヨ悩む時間が一番もったいない**のです。

だったら**そこに意識を向けるのをやめよう**と思いました。

1億円取られたということは、1億円を稼ぐ力があったということです。

だったらできることに目を向けよう、今から稼ごう、今日からやり直すつもりでがんばればいいと思えました。

借金で命を取られるわけではありません。まして税務署ですから待ってくれるし、分割にも応じてもらえます。

そう思ったらスパッと気持ちが切り替わって、**「毎月の500万円をどう稼ぐか、どう返すか」ということに気持ちを集中することができた**のです。

このことに限りませんが、**「今できることに集中する」**、**この考え方を覚えてから私は迷いがなくなりました。**

横領事件で私が得たもの

とはいえ、このときは私もかなり無理をしました。朝から晩まで、もうめちゃめちゃに働きました。

毎月500万円を必死に返していき、最後に返し終わった日のことは今でも覚えています。重すぎた肩の荷が下りた瞬間でした。

でもそのとき思ったのは、「そうだ、これからは毎月500万円の貯金ができるんだ」ということ。そう思った瞬間、パッと視界が開けた気がしました。

そしてもう1つ、**この横領事件のさなか、新たなビジネスを模索する中で思いついたアイデアがあります。**

それが**「発毛クリニック」**の開業です。後に述べるように、自分が薄毛で苦労したから、いつかは発毛に特化したクリニックをやりたいと思っていたのですが、当時はそんなことをやっているところはなかったのです。

このときの発想が後につながったのですから、今思えば、**あの横領事件があったからこそうちは大きくなれた**、といえるかもしれません。

本当に苦しい体験でしたが、人生はどんなこともムダにはならないのだと思います。

今日から人生をやり直すためのヒント

大きな困難を乗り越えた人だけが次のステージに行ける

自分の器を大きくすれば困難は困難でなくなる

身内がみんな私にぶら下がってくる……

これは1億円横領事件のちょっと前の話ですが、東京美容外科が軌道に乗り始めた頃、私は**思ってもみない事態に直面**することになります。

それは**「身内の面倒を見なければならない祭り」**が始まってしまったことです。

医者になってからはずっと親の生活の面倒を見ており、十分な生活費も渡してきました。

でもうちの親は**100万円渡すと100万円をキレイに使い切る人たち**なのです。

私が親の立場なら、100万円もらったら50万円は息子のために貯金しようと思うのですが、それがない。2人そろっていいカッコしいで、人におごったり、いい車に乗ったりしてしまいます。

でも前述のミネラルウォーター事件で「人は変えられない」ことを痛感した私は、親に対して期待を持つことをやめました。

「この人は変わってくれるだろう」「こう思ってくれるだろう」と期待するからイライラしたり、裏切られたと思うのであって、最初から期待をしなければ、心は平安を保つことができます。

きょうだい全員＋家族の生活が私の肩に

とはいえ、親はやはり親です。医学部の学費を出してもらって感謝もしているし、親孝行をするのは当然だと思っています。

だからいろいろあってもまだ耐えられるのですが、**きょうだい全員の面倒を見ないといけない状況に追い込まれた**のはさすがにきつかったです。

うちは私を入れて4人きょうだいなのですが、一時は**「きょうだい全員＋きょうだいの家族の面倒」も私が1人で全部見ていました。**

一番お金がかかったのは、一番上の姉（A姉）のダンナさんの学費です。彼は私と同い年で、最初は別の仕事をしていたのですが、私を見て「自分も医者になりたい」と言い出したのです。

それにやたら乗り気になったのがうちの親。「それはいい！ 医学部を受けて医者になれ」としきりに勧めました。それもあって受験を決意。彼は当時30代でしたが、もともと頭のいい人だったので、がんばって勉強して医学部に受かったのです。これは私も素直にすごいと思いました。

でも結局その学費は私が出しました。学費だけでなく、医学部に通う間、つまり6年間のA姉一家の生活費も出しました。子どももいたので、かなりかかりました。生活費はうちのクリニックから「A姉に給料を出す」という形で払っていました。

金づる扱いをされて

そうこうしているうちに、二番目の姉（B姉）が離婚をして子連れで戻ってくることになりました。住まいは実家近くの2LDKのマンションに住むということでした。

当時彼女は仕事をしていなくてほぼ無職だったのですが、彼女の生活費は私が親に渡している生活費の中から出すということでした。私は多少の不安は感じたものの、「親に渡したお金なんだから好きにしてや」と口出しはしませんでした。

ところがその後、**とんでもないことが起こった**のです。

B姉が住むマンションというのは実は賃貸ではなく、購入したというのです。

なんと私には内緒で、A姉の名義でローンを組んだということでした。A姉に給料を支払っていたといいましたが、それが「収入証明」になってローン審査に通ったといいます。

その月々の返済額15万円は父が支払っているというのです。もちろんそれも私が父に渡しているお金から出しているものでした。

ちょっとわかりづらいかもしれませんが、**私が渡したお金を元にA姉名義でマンションを買って、そこにB姉が住み、私が渡したお金でローンを支払っていた**のです。すべて**私に何の相談もなしに勝手にしたこと**です。

これにはさすがに腹が立ちました。全員を呼んで、すぐにマンションを売らせました。「今売ったら損をする」とかなんとか言っていたけど、そんなの知らんと言って突っぱねました。せめて一言、相談してほしかった。

家族にとって自分は金づるに過ぎないのか……と悲しくなりました。

自分のことは後回し

とにかく3家庭の生活を丸ごと見ないといけないわけですから、私のプレッシャーは相当なものでした。

朝一で飛行機に乗り込み、朝から晩まで手術して、カウンセリングも「今日この人が豊胸を契約してくれなかったら帰れない」といった切迫した状態でやっていました。

こんなにがんばっているのに、なんでみんなわかってくれないのかとため息が出ました。

でもそのうち、A姉のダンナさんが医学部を卒業して医師になってくれました。「ああ、これで1人、自立してくれた」とホッとしました。

彼は今、うちの系列のクリニックで働いてくれています。やっぱり職場に身内が働いていてくれるのは心強いものです。結果としてはよかったなと思います。

そしてB姉も再婚相手を見つけて、新しい生活がスタート。こちらも自立していってくれて助かりました。

ずっとそんな生活をしていたこともあり、**自分のことは常に後回し。**車も親に買って、きょうだいみんなに買ってあげて、**自分に買ったのは最後**です。**頭に来てフェラーリ**を買いました。全然乗ってないけど(笑)。

「麻生は別荘をいくつも持って、高いヴァイオリンを買ってすごい贅沢をしている」と書かれるけれど、本当に**自分のためにお金が使えるようになったのはつい最近**のこと。私に言わせれば、**今までのガマンをまとめて取り返している**だけです。

「なんで自分ばっかり……」と思っているうちは未熟な証拠

よく芸能人で売れた人が「急に親戚が増えた」「知らない人が友達だと言って電話をかけてくる」みたいなことを言っていますよね。

あれと同じで、私がちょっと成功したとみるや、今まで冷淡だった人や身内がすり寄ってきて、みんなが私にぶら下がってくるという状況が起こったのです。

そのときはそれがひどく重荷で、苦しかった。**「なんでオレだけが稼がないといけないのか」**とフテくされていました。


でもあとからわかったことがあります。

本当の成功はそういうことをすべて乗り越えたところにあるのです。

「なんでオレばっかり」と考えるのは自分が未熟だから。器が小さいから余裕が持てないのです。


親にお金を渡すにも、**300万円しか稼げないときに100万円を渡すのはしんどいですよね。でも1000万円稼げばなんとか100万円を渡せるし、1億円稼げば100万円はもうなんともなくなります。**


お金の話だけでなく、心の問題も同じです。

相手を非難するのではなくて、自分の器を大きくしていけば、問題は問題でなくなるのです。

私はそうやって困難を潜り抜けてきたし、今も常に自分の枠を広げる努力をしています。時にはムカっとしてしまって「自分はまだまだだな」と思うこともあるけれど、日々、ネガティブ思考はリセットして、やり直すつもりで取り組んでいます。

神は乗り越えられる試練しか与えないと言います。もし「なんで自分ばっかり」と感じる試練が訪れたら、自分の器を大きくするチャンスと考えてみてください。気づいたら、その試練を余裕で許容できるようになっている自分に気づくはずです。

今日から人生をやり直すためのヒント

自分の器を大きくすれば
問題は問題でなくなる

裏切りに遭っても動じない「不動心」

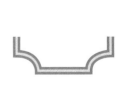

信じられない身内の行動

やっと身内の呪縛から解放されたと思ったら、とんでもない事件が起こりました。
今まで話に出てこなかった弟です。

当時、私は弟に系列のクリニックの事務長を任せていました。彼はもともと自分で事業をやっていたのですが、会社をつぶしていろいろあり、家族とはしばらく音信不通になっていました。

それが私が自分のクリニックを始めて2年目ぐらいにひょっこり現れて「助けてほしい」と言うのです。それで「じゃあ一緒に働こう」と言って事務長になってもらいました。

父だけは「やめたほうがいい」と反対しました。でも「姉ちゃんたちには甘いくせに、なんで弟には厳しいことを言うのか」と私はそれを意に介さず、彼を呼び入れました。

ところが、この弟が**信じられない行動に出た**のです。父の言ったことが現実となってしまいました。

うちで働いて、「クリニック経営」のノウハウを学び、うちで育てたドクターと受付の女性を引き抜いて、私に内緒で自分たちのクリニックを立ち上げて独立してしまったのです。

そのドクターというのは弟の高校の同級生。私にとっても後輩にあたる人物で、私は将来は彼に幹部になってもらいたいと考え、開業のノウハウなども全部教えて、大事に育てていたつもりでした。

すごくショックだったし、悲しかった。「なんでそんなことをするのかな」という寂しさで一杯でした。

そこから弟とは10年以上、会っていません。父親も怒っているので実家にも帰ってきません。

母親だけは連絡を取っていて「トオル君、○○（弟）がね、どこそこに旅行に行って写真を送ってきてね」などと言ってくることもありますが、見る気も起こらず、「まあ勝手にすればいい」という思いです。

ノウハウを盗まれても怖くない理由

驚いたのはその後、私が発毛クリニックを始めたときに、弟と一緒に独立したドクターが私に**「発毛ってどうやってやるんですか？」と聞きに来た**ことです。何かの集まりで顔を合わせたときに聞かれました。

あまりのことに彼の顔をまじまじと見てしまいました。

「いや〜、どうやってやるんでしょうね。私にもわかりませんわ」と突き放した言い方しかできませんでした。

「おおそうか、薬はこれこれを使って、こういうやり方で……」と私が親切に教えると思ったのでしょうか。

結局、私のノウハウを持って出ていったわけだから、一定の成功はするかもしれないけれど、そこからの進展は難しいのでしょう。

「兄ちゃんのところでは発毛クリニックを始めてうまいことといっているらしい。うちもやりたい」と思っても、そのノウハウがないわけです。

私は常に「次はこれをやろう」「あれを取り入れよう」と新しいアイデアを考え続けています。「美容外科で成功した」といって、それに胡坐《あぐら》をかいていたら絶対に伸びないと思っているからです。

だからその意味では私のノウハウを盗んで独立されても、大して脅威には感じません。**私は常に進化していて、人が軽々と追いつけるものではない**と思っているからです。

コントロールできないことに目を向けない

身内の件はレアケースでしょうが、この仕事をしていたら雇っていたドクターが独立するのは避けられないことです。

私自身も勤めていた美容外科から独立しています。だから**ちゃんと義理を通してくれれば気持ちよく送り出します。**

困るのは、独立するときにナースを引き連れて出ていくとか、カウンセラーを引き抜いていくとか、そういう**義理を欠いた行為**をされることです。

悲しいことにそういうことが少なくないのです。私だって人間です。これをやられると**体を引きちぎられるような痛さを感じます。**

でも**そこでくじけたら終わり**です。**踏まれても踏まれても絶対に負けない**という強い気持ちを持たないといけないのです。

これまでも繰り返し述べてきたことですが、自分がコントロールできないことには意識を向けない。**できることを探して、今やれることをやるしかない**のです。

どんなにつらいことがあっても、朝がきたら普通に「おはよう」と言って仕事をするしかありません。「絶望して立ち上がれない」というのはヒマな人の発想だと思っています。

仏教用語に**「変《へん》毒《どく》為《い》薬《やく》」**という言葉があります。毒も調合次第で薬に変えることができる、といった意味合いです。

人生にはいろいろな困難がつきものですが、そうした困難の中にこそ自分の成長のチャンスがあるのです。

そう考えればどんな困難も「これを乗り越えてやろう」という意欲に変えていけるのではないでしょうか。

今日から人生をやり直すためのヒント

困難の中にこそ成長のチャンスがある

第3章

人生を今日からやり直すなら、今度は「お金持ち」になろう

巡ってきたチャンスを確実につかんでいく

「地方」というビジネスチャンス

私はよく**「どうやったらお金持ちになれるのですか」**と聞かれます。

特に「お金持ち」ということを目指してきたわけではなく、無我夢中で働いてきて、その結果として今があります。しかし考えてみると、私がそれなりの富を手に入れることができたのは、3つの理由があるように思います。

1つ目は**「チャンスをつかんで独立開業した」**こと。2つ目は**「キャッシュフロー」が徹底できた**こと、そして3つ目は**「お金の哲学」**を持っていたことです。

まずチャンスをつかんだ話からしていきましょう。

思わぬことから美容外科に転向し、勤務医となった私ですが、当初、独立する気持ちはまったくありませんでした。

給料は大学病院の3倍はもらっていたし、クリニックの院長もすごくよくしてくれたからです。自分で言うのも何ですが、**私は腕がいいから院長もやめさせたくない**わけです。「麻生君、車買ってあげようか♪　好きな車は何かね？」と聞かれたこともあります。なんとなーく怖いものを感じてお断りしたら、**ヨットを買ってくれた**ということもありました。

そんなとき、**私にとって運命的な転換点**がありました。

院長の知り合いが、「そちらのクリニックでうちのクリニックを丸ごと買い取ってくれないか」と依頼してきたのです。宮崎県の美容外科でした。

院長は「宮崎ではドクターが見つからないから」と断ろうとしていたのですが、私はあることを思いつきました。

それは**私自身が休みの日を使って宮崎に行き、そのクリニックを週に1日だけオープンさせる**というものです。宮崎なら飛行機で日帰りできるし、クリニックの設備もあるものをそのまま使えばいいわけですから、ノーリスクです。

院長も賛成してくれて、宮崎を分院とし、私が院長となって、「出張ドクター」を始めました。

初日、行ってみてビックリ。**宣伝広告などまったくしていないのに、患者さんが並んでいる**ではありませんか。

「宮崎では局地的に美容整形が爆発的な大ブームになっているのか」と思ったら、そうではなく、単にクリニックが週1しか開かないこと、ほかに美容外科クリニックがないことが理由でした。当時は大手クリニックも地方には進出していなかったのです。

「そうか、地方だったらイケるんだな」

大きな気づきを得た私は、**「独立開業」に向けて舵を切る**ことにしたのです。

お金もコネもない私が開業できた理由

まずは週1で宮崎に通いながら、ほかに開業できる地方都市がないかと探し始めました。

条件としては飛行機で行き来できて、他の美容外科が進出していない街です。最初に目を付けたのが島根県松江市でした。場所もいいところが見つかりました。

今度は宮崎と違って、自分がオーナーとなって開業するのです（ただし、名称だけは勤めていたクリニックのものを使用）。ところが開業資金として**用意できたのは３００万円**もありません。**親の生活費や借金の返済で給料はほとんど消えていた**のです。

銀行で融資を受ければいいと思うかもしれませんが、自己資金のない一介の勤務医になど銀行は貸してくれません。家や土地などの担保があれば貸してくれたかもしれないけれど、私には何一つありませんでした。

とにかく３００万円でやるしかない。仕方がないから自分で内装もやりました。タイルを貼ったり、壁紙を貼ったり。だんだんうまくなっていって、最後は**「オレ、職人でもイケるんちゃうか？」**というレベルにまで到達しました（笑）。

こうして開業したクリニックはまた大成功でした。**週１だけの診療日には患者さんが押し寄せる**のです。

勢いに乗った私は、**自分の実家に近い奈良県、滋賀の大津市と、次々とクリニックをオープン（東京美容外科の前身としては奈良が第一号店となります）。**

大阪のクリニックはさすがに続けられなくなってやめさせてもらいました。それまでは勤務医を続けながら、自分のクリニックを次々オープンするというアクロバティックなことをしていたのです。

院長は残念そうだったけれど、最後は納得してくれました。ちなみに買ってもらったヨットはお返しするわけにもいかず、買い取らせてもらいました。

毎日が綱渡りの出張ドクターライフ

こうして一気に5院のオーナーとなった私。飛行機で各地を飛び回る生活が始まりました。空飛ぶ出張ドクターライフのスタートです。

でもどのクリニックもお金のない状態で始めていますから、医療機器もクリニックごとに用意できなくて、電気メスなど持ち運べるものは自分で持ち運んでいました。

トランクに入れてガラガラ引きずっていくのですが、毎回空港で止められて説明が大変でした。そのうち空港スタッフと顔見知りになって、「あー、ハイハイ、お医者さんね」みたいな感じで顔パスになったり（笑）。

手で持ち運べない麻酔機器などが必要なときは宅配便で配送しました。患者さんはもうスタンバイしているのに、宅配便が届かなくて「まだかー」とかイライラしながら待ったことも懐かしい思い出です。

帰りの飛行機のこともあるし、翌日は別のクリニックに飛ばないといけないし、「出張ドクターライフ」は聞こえはいいけど、**毎日が綱渡り**でした。

でもどのクリニックも着実に患者さんは増えていき、運営は順調に回り始めました。

今日から人生をやり直すためのヒント

チャンスはどこに転がっているかわからない。「これだ」と思ったらとりあえずチャレンジしてみよう

人と同じことをしていては勝てない

お金がないなら知恵を働かせればいい

どの会社も自社の商品やサービスを知ってもらうために、マーケティング戦略を立てますよね。そこでネックになるのが「予算がない＝お金がない」ということ。でも、本当にお金がないことはデメリットなのでしょうか。

私の場合は、**お金がないから開業できた**と言っても過言ではありません。**お金がないから知恵を絞るしかなくて、結果的にそれが他との差別化**となりました。

ライバルのいない地方に開院したこともその1つですが、**ネーミングも大きかった**と思います。当時、地方には美容外科クリニックがほとんどなく、みんな東京や大阪に手術をしに行っていました。そうするとネットで**「東京　美容外科」**と検索するわけです。

そこに気づいた私は、自分でも実際に「東京　美容外科」と検索してみました。すると驚きの事実が判明。なんと「東京美容外科」という名前のクリニックは存在しないのです。

地方の人が「東京　美容外科」と検索したときに、「東京美容外科」というクリニックがあったら、検索でトップに出てくるわけです。

「東京美容外科」という名称は、このとき誕生しました。

読みはズバリと当たり、どこの院も「ネット検索で調べてきた」という人であふれかえりました。これが一番のマーケティングだったと思います。


困ったのは「なんで先生のところは東京美容外科という名前なのに、スタッフ全員が大阪弁なんですか？」と聞かれたときです。

スタッフも全員大阪から来ていて、みんなコテコテの大阪弁です。

「東京美容外科」というからには、東京からスタイリッシュな美容外科医が来ると思っていたら、大阪弁のオッサンと大阪弁のナースが出てきて、「かまへんかまへん、それでええやん」とやっているわけです。

これには返答に詰まりました。

もう1つ、**「東京美容外科」といいながら実は当初「東京」にクリニックがないという、衝撃の事実**もあったのですが、これについてはたぶん気づいた人はいなかったと思います。

初期費用を安く済ませる方法

それからこれもうちのマーケティングの特徴なのですが、お金がないから物件はもっぱら居抜き物件を利用しました。

以前は英会話学校だったとか、エステや脱毛サロンだったとかいう物件です。

脱毛サロンだった物件なんて、1つの部屋をカウンセリングルームにして、2つの部屋の壁をぶち抜けばオペ室に早変わり。使い勝手バツグンでした。うちは今でも居抜き物件をよく使っています。

一方で、初期費用をケチったがための失敗もあります。地方の老舗ビルに入ることになったのですが、お金がなくて看板広告をプロに頼めず、自分で看板を考えるはめになりました。

背の高いビルだったので、「赤い看板」が目立つだろうと考え、赤いカッティングシートを5万円分ぐらい買ってきて、白抜きで「東京美容外科」と文字を入れたのです。

出来上がったものを意気揚々と窓に貼り付けたら、とんでもないことになりました。赤の看板を通して光が入ると、部屋中がピンクの怪しいムードになってしまうのです。結局やり直しとなりました。あのカッティングシート代は痛かったです。

「お金がない」ことが最大の発明を生み出した

そして、この「お金がない」がゆえの出張ドクターライフが生み出した最大の産物が**「麻生式豊胸術」**です。

当時、シリコンバッグを挿入する豊胸手術は、全身麻酔か硬膜外麻酔といって背中から麻酔薬を入れる方法のいずれかで行われていました。いずれの方法も手術は大がかりになり、術後の経過観察も必要で、なかなか患者さんを帰すことができません。切開してシリコンを入れこむので痛みもかなりあり、患者さん側の負担も相当なものでした。

私は出張ドクターなので、**その日のうちに飛行機で帰りたい**わけです。だから豊胸術はニーズは多いものの、1日に1件ぐらいしかできませんでした。

「なにかいい方法はないだろうか」

私は考えに考えました。

ふと気づいたのは豊胸手術の患者さんは術後は痛がって、しばらく休まないといけないけれど、脂肪吸引の患者さんはそのままスタスタ歩いて帰ることができるのです。

この2つの術法の違いは何かと考えました。

そこで浮かんだのが、脂肪吸引の術法を応用した方法です。

脂肪吸引ではまず「チュメセント（Tumescent）法」といって、麻酔液と血管収縮剤、生理食塩水を混ぜたチュメセント液というものを脂肪層に入れて、組織を膨らませてから吸引します。

麻酔液のおかげで、痛みは大幅に軽減されます。**それを胸に応用したらどうだろう**と考えたのです。豊胸手術の場合、シリコンバッグを入れるのに「スペース」を作る必要があります。今までは強い麻酔をかけて、乳腺と大胸筋の間の層をメスで切っていたのです。

もちろんそれなりに出血もします。

私の考えた方法は、**層の間にチュメセント液を注入することでシリコンバッグを入れるスペースを作るというもの。麻酔も軽いものでOKだし、出血もほとんどありません。**

シリコンバッグやチュメセント液を入れるために脇の下にはメスを入れるので、そこだけは少し痛むけれど、**従来の方法に比べて痛みは劇的に少なくて済む**のです。豊胸した人は術後すぐに大きくなったバストを確認できて、その日のうちに帰れる。私の方法は「痛くない豊胸術」として口コミで広がっていきました。

まさに**お金がなかったことが生み出した逆転ホームラン**でした。

この麻生式豊胸術を武器に、東京美容外科は急速に拡大していきました。**2004年に1号院をオープンしてからわずか1年弱でグループ10院、年商15億円を達成**することができたのです。

今日から人生をやり直すためのヒント

お金がないときこそ
思ってもみないアイデアが浮かぶ

お金の力を甘く見てはいけない

お金は人間関係を破壊する

貧乏は嫌だ。貧乏の「び」の字も嫌だ。二度とお金で苦労をしたくない――。

私にはこうした強い決意があります。この「お金の哲学」を持つに至ったのは、お金で痛い思いをしてきているからです。

子どもの頃に貧乏体験をしたと述べましたが、その後もお金のことではずっと苦労をしてきました。医学部の学費の捻出にも大変な思いをしました。在学中に親の事業が少しずつ傾いていき、学費が出せなくなってしまったのです。

このとき、父の兄、つまり私の伯父のYさんが1年分の学費を出してくれたことがありました。

Y伯父はもともと手広く商売をしていて、お金はそこそこあり、私の学費も快く出してくれました。父も「オレだって兄貴に大きな金を貸したことがあるのだから、トオルは気にするな」と言ってくれていました。

ところが伯父本人は気にしていなくても、伯父の家族はそうではなかったのでしょう。

それから何年かしたある日、父親が電話をかけてきて、「トオル、Y伯父さんな、亡くなってたんや」と泣きながら言うのです。

なんと伯父は病気で5年前に亡くなっていたのに、父には知らされず、お葬式にも呼んでもらえなかったのです。これは悲しかったです。父にも申し訳なかったし、Y伯父、その家族にも申し訳なくてたまりませんでした。

そして**「お金を借りるというのはこういうことなのだ」**という現実を思い知りました。

お金によって、人生で積み上げてきた人間関係、身内という縁故も一瞬にして壊れる。

お金にはそれだけの力があるということです。

だから、**私はお金の力を甘く見ていません。**

お金が欲しいならお金にしっかりコミットすること

お金がないことのつらさが骨身にしみてわかっているからこそ、私は必死に働いてきたし、常に「どうしたらより稼げるか」を考えます。

だから簡単に、運よくこの場に立っているわけではないのです。

それはどんな人も同じだと思います。売れている俳優さんだって、若いうちからこの世界に入って、銀幕スターを夢見て、ものすごくがんばってその場所に行っているわけです。「いいなあ、キムタクは男前だから、あんな大スターになったんだな」という人もいるけれど、木村拓哉さんは10代でジャニーズ事務所に入り、人の何倍も努力して、ライバルがいっぱいいる中でがんばって、あの地位を獲得したのだと私は思います。

経営者もそうです。世の中でお金持ちとか成功している人というのは、みんなお金を稼ぐということに対してしっかりコミットしています。お金を甘く見ている人なんて1人もいません。

私などもよくSNSで「金儲け主義のナントカ」「容姿に悩んでいる人からお金を巻き上げて贅沢な生活をしている」などと非難めいたコメントを書かれたりしますけれど、まったく的外れです。**私は貧乏は二度としたくないから、めちゃめちゃ努力してきたし、人を喜ばせる仕事をしているからお金が儲かる**のです。

お金を稼ぎたいなら「欲」を出すこと

お金を稼ぎたいなら「欲」を出すことです。

私はいい人でいたい、そんなに欲をかいてまでお金なんか稼ぎたくないという人は、ボランティアでもやって清貧の思想で生きていけばいいと思います。

でも人生はキレイごとでは生きられません。私は自分の家族、うちのスタッフ、それからスタッフの家族の生活を守らないといけない。だから人一倍欲があるし、人一倍努力しています。これからもそれを続けるつもりです。

今日から人生をやり直すためのヒント

お金を稼ぎたいなら欲をかけ

お金持ちになる技術

なぜ私はお金がないのに成功できたのか

「東京美容外科」は資金が不足した状態で開業したと言いましたが、一番困ったのは**医療機器が買えないこと**でした。医療機器はきわめて高額ですから、簡単には買えないのです。だから前述のように運べるものは手で運んだり、宅配便で送ったりと、最初のうちは何かと苦労が絶えませんでした。

でもしばらくして、私は**あるアイデア**を思いつきました。

美容外科にはさまざまな医療機器メーカーが営業にきます。新しい脱毛機器だとか美肌レーザーだとか、どんどん「買ってくれませんか」と言ってくるわけです。

そこで「ちょっと使ってみて決めたいから、デモ機を持ってきてほしい」と言って、お試し用のデモ機を持ってきてもらうのです。

その機器を使って手術をして、そのお金で「じゃあ頭金を入れて、残りはローンで払います」と言って毎月返していくのです。いいアイデアというか、まあ、**「自転車操業」ともいいます**（笑）。

でも、このとき苦しまぎれに思いついた「先にもらって後から払う」という考え方は、実は**経営における基礎**ともいえる、とても大事なことだったのです。

未来からお金を持ってくる「キャッシュフロー術」

なぜかというと、これは**「キャッシュフロー」**の考え方だからです。

デモ機を持ってきてもらって、その場ではお金は払わない。そしてその機器を使って1カ月間、お金を稼ぐ。そして後から払う。

要するに支払いを先送りにするということです。まず患者さんから手術代をもらって、ローンの支払いは未来に持っていくのです。

その間はタイムラグができてお金がプールできます。**それは貯金と同じこと**です。支払いままでの間が長くなればなるほど、より貯金が増えて有利になります。**時間とお金というのは密接な関係**があります。横軸が「時間」、縦軸が「お金」とすると、時間の経過の中で、「お金が必要なとき」というのが必ずあるわけです。たとえば、税金の支払いだとか、新しく設備投資をするときがそうです。

そこでちゃんと手元に現金がある人が強いのです。というか、**手元にお金がないとダメ**なのです。

要は自己資金が十分にないのに先に支払ってしまうと、いざというときの支払いに困ったり、必要なときに投資ができず、事業を拡大することもできません。下手をすると支払いに困って会社はつぶれてしまいます。

事業自体が好調でも、**キャッシュフローの考え方ができていないがために黒字倒産してしまう**ということもあるのです。

実際、それでつぶれたクリニックも見てきました。

入るお金は先に、支払うお金は未来に飛ばす

このキャッシュフローの考え方を私は今でも大事にしています。

たとえばうちで物件を新たに契約するときには、なるべく3カ月はフリーレント（無料契約）を取ることを条件とします。

「ここで3カ月後にクリニックを始めるにあたって、内装工事もあるし、3カ月間のフリーレントをしてくれるなら契約します」というように交渉するのです。

つまり、**支払いをできるだけ未来に飛ばすよう**工夫します。

今は昔と違って資金力がついたので、実際にはそんなにガツガツしなくてもいいのですが、この考え方が基本中の基本だと思うのです。

このキャッシュフローの考え方は、なかなか気づきにくい部分ではありますが、間違いなく経営における要諦です。それは誰に教わったことでもない、自分で開業してやっていく中でつかんだことです。**このキャッシュフローをしっかり保てたことが、私が事業を拡大できた大きな理由の1つ**だと思っています。

起業時には、どうしても売り上げや利益に気を取られがちですが、キャッシュフローへの目配りを忘れないことが成功のポイントとなることをぜひ押さえていただきたいと思います。

今日から人生をやり直すためのヒント

起業をするなら
キャッシュフローの考え方を徹底しよう

第4章

人生を今日からやり直すなら、死ぬ気で成功しよう

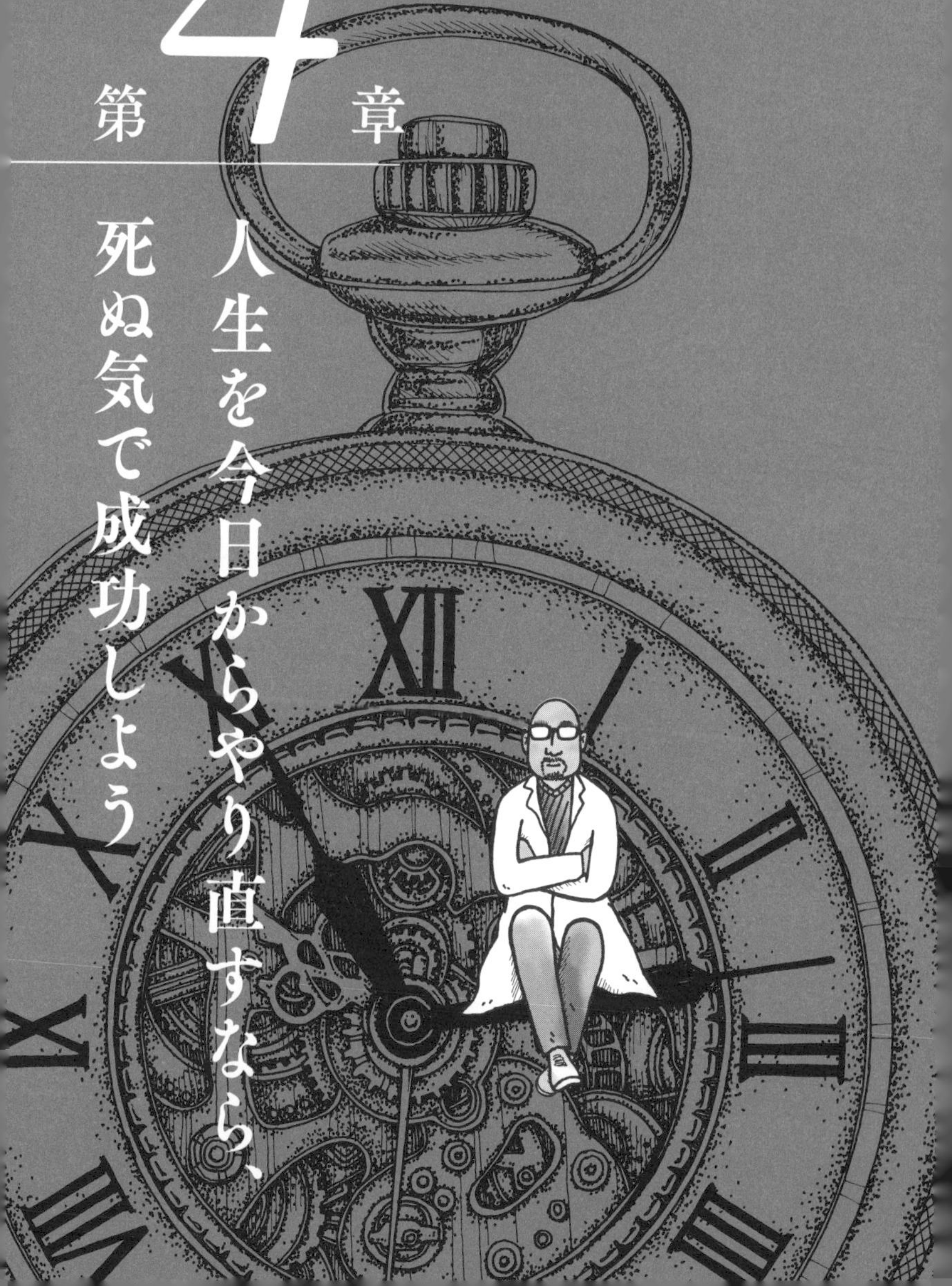

すべては信用。信用が仕事もお金も連れてくる

信用がお金に変わる

成功し、お金持ちになるのに最も大切なもの、それは人より優れた「頭脳」や「能力」ではなく、**「信用・信頼」**だと私は考えています。

たとえば中国人が日本に来て日本の電化製品や日用品を爆買いするのは、日本製品が信頼されているからでしょう。またトヨタ自動車の販売台数が世界一なのは、「トヨタの車は壊れない」「燃費がいい」という絶対的な信用があるからです。

美容外科も信用がモノを言う世界です。美容外科ではまずカウンセリングをして、そこで手術を受けるか受けないかを決めていただきます。

そこで何が大事かというと信用なのです。「この先生なら信用できる、この先生にやっ

てもらいたい」と思ってもらえるかどうかが勝負の世界です。

信用を得るための「3つのゴールデンルール」

では**信用・信頼はどうやったら得ることができるのでしょうか。**

それには**3つのアプローチ**があると私は考えています。

1つ目は**「約束を守る」**、2つ目は**「誠意」**、そして3つ目は**「資格や経歴」**です。

それぞれ説明していきましょう。

まず1つ目の「約束を守る」から。

これは非常に大事です。**約束を守らない人は信用を失います。**私は仕事でもプライベートでも、約束を守らない人とは付き合いたくありません。約束を守らないということは、人の時間を平気で奪っているのと同じだと思います。

私の印象ではお金持ちの人ほど約束を守る人が多いように思います。

この約束というのは自分との約束、家族との約束も含みます。というのは、外での約束は守っても、この2つをないがしろにしてしまうケースがあるからです。

たとえば自分に対して「来年、○○という資格を取る」と約束したら、ちゃんと勉強して取る、「禁煙する」と約束したら、ちゃんと禁煙するということです。

家族に対しても同じです。子どもに「パパ、来週ディズニーランドに連れていって」と言われて「よし、わかった」と約束して、いざその日が近づくと「ごめん、やっぱり仕事が入って行けなくなった」というのはダメです。

仕事は家族の協力なくして成功できないと私は思っています。家の中でさえ味方を作れない人は、外で味方を作れるはずがなく、敵だらけです（笑）。

2つ目は「誠意」。

たとえば美容外科であれば、「この人にとって何がベストな選択か」を考えて誠実に対応すること、それこそが最大のマーケティングだと私は思っています。そしてこれからはもう、そういうところしか生き残れないと思います。

自分の利益だけを考えて話を進めようとするのではなく、相手の立場に立ってみて、どうしたら相手にとってベストかを考える。その上で、いかにお互いにいい結果を生み出せるかを勘案することです。これについては次の項目でも詳しく述べます。

3つ目の「資格や経歴」は言うまでもないでしょう。

たとえば医師、弁護士といった国家資格はやはり絶対的な信頼度を持ちます。場合によっては学歴や職歴も信用の根拠となり得ます。私も信用を獲得するために大学院に行きました。

こうした信用・信頼の獲得の連続が仕事につながります。信頼がお金に変わるのです。資格や経歴は手に入れるのに時間がかかりますが、約束を守る、誠意ある対応をすることは、何のキャリアもない若いうちから積み重ねていくことができます。そうやってコツコツと**「信用貯金」を積み重ねた人が成功を手にする。**そう私は考えています。

今日から人生をやり直すためのヒント

信用・信頼が仕事を呼び、お金に変わる

「誠実さ」にまさるマーケティングはない

私の売り上げがダントツによかった理由

「それにしても麻生君は売り上げがいいよね。どんなカウンセリングをしているのか教えてよ」


美容外科の勤務医時代、私はクリニックの院長によくこうほめられました。

美容外科というのは、先ほど述べたようにまずカウンセリングで患者さんと話し、そこで「この先生でお願いします」となって、初めて契約が成立します。

カウンセリングで患者さんに「やっぱり手術は不安だな」「この先生に手術してもらいたくない」と思われてしまったら、そこで終わりです。

すると医師によって「売り上げがいい・悪い」が出てくるのです。なかには患者さんに逃げられがちで、あまり手術に結びつかない先生もいました。

私は自分で言うのも何ですが、そのクリニックではダントツに売り上げがよかったのです。私のカウンセリングを受けた人はほぼ100％契約を決めるからです。

「1回、麻生君のカウンセリングを見せてよ」

と言われてめちゃめちゃ焦りました。だって院長に聞かれたらまずいことをいっぱいしゃべっているからです。

「先生のカウンセリング教えて」と言われた麻生式マル秘カウンセリング

私のカウンセリングは、たとえば患者さんから「鼻を手術したい」と言われても、**「あなたにはその手術は必要ないと思いますよ」と言ってしまうのです。**

反対に「この人はこれをやったほうがキレイになる」と思ったら、患者さんが当初希望していない手術も勧めていました。

「あなたは胸じゃないでしょ、目でしょ」とか、「ここに注射を打ったほうがキレイになります」とか。

なぜそんなことが言えるかというと、その患者さんはこれをやったら絶対にキレイになるというのがわかるからです。そして手術に絶対の自信があるからです。

もちろん患者さんの望まない手術をぐいぐい勧めるわけではありません。選ぶのはあくまで患者さんです。でも「あなたはこうやったらキレイになる」と、しっかり説明すれば、みんなだいたい納得してくれます。「受けたいけど不安です、心配です」と言う人もいますが、「僕はこの仕事に命をかけてますから」と自信をもって言うと、みんな安心して受けてくれます。心からの思いは伝わるのです。

そして実際に手術をすると、みんな「受けてよかった！」と大喜びしてくれます。そしてその人たちが友達を紹介してくれたり、よい口コミを広げてくれたりして、どんどんいい流れができていくのです。

だから私のカウンセリングはなんのことはない、**「その患者さんにとって何がベストなのか、正直に思ったことを伝える」**という、ただそれだけのことだったのです。

1回のカウンセリングでファンを作る

美容外科は自由診療です。

私も勤めていたクリニックの院長に「美容外科は他の病気と違って患者さんとは1回こっきりの付き合いだから、懐具合を見て、取れるときに取っておくんだよ」と教えられて、実際にその方針に乗っかったこともありました。

でもやっていくうちにそれが大間違いだということに気づきました。

無理に高い手術を勧めて、結局そのときにお金は儲かったとしても、そこには**「その患者さんが流す風評によってどれだけ損害を被るか」という視点がすっぽり抜け落ちている**のです。

今はこれだけSNSが発達して、若い子が**「整形しました〜♥」**とあっけらかんと公表する時代です。悪評判もしかりで、「捨てアカ」などで「東京美容外科の麻生って先生、テキトー！」とか、すぐに書かれてしまいます。

そうでなくても私なんか「腕は確かだけど、めっちゃハゲ」とか「すんごいハゲだけど見かけによらずいい人」とか、どれだけ書かれたかわかりません。すべてのコメントにもれなく「ハゲ」がつくのです（怒）。

だから**その人とは1回こっきりかもしれないけれど、その人の後ろには実はたくさんの人がいる。それを意識して手術しないとダメ**なのです。

カウンセリングも1回でファンを作らないといけないし、手術をした数だけマーケティングできると考えてやらないといけない、と思っています。

私が脂肪吸引をやらない理由

努力せずともナイスボディになれる脂肪吸引は美容外科のメニューの中でも高い人気を誇っています。しかし私は脂肪吸引はよほどのことがない限りやりません。

というのも脂肪吸引を行うことによって、「脂肪塞栓」といって、血液の中に脂肪組織が入り込み、それが肺や脳に飛んで詰まってしまう事故が起こり得るからです。

肺で詰まったら、肺塞栓といって死亡するおそれもあります。実際に過去にはいくつかのクリニックで死亡事故も起きています。

もちろん、その確率は非常に低いです。それにどんな手術でもリスクはあります。その意味では脂肪吸引だけが特にリスクが高い手術というわけではありません。

でももう1つ、私が脂肪吸引をやらない理由があって、実はこちらのほうが比重としては大きいのです。

それはお腹や太ももなど、脂肪を取ったあとの組織が医学的にはズタズタになってしまうからです。

もちろん術後は出血もおさまるし、表面上はわかりません。しかしこれが問題となるのは「がんの手術後などの再建」をする場合です。

たとえば乳がんで、胸を切った後に再建をする場合、「自家組織移植」といって、お腹や背中の組織を取ってきて移植する方法があります。

このとき、脂肪吸引をした後の組織は、血管が切れて状態が悪くなってしまっているので使えません。

これは私が形成外科医として、がんの手術後の再建をやっていたからこそわかることです。

今、日本では女性の9人に1人は乳がんになるといわれます。もちろん脂肪吸引を受けた人が乳がんになるとは限らないし、シリコンバッグを使う再建方法もあります。でも自家組織移植の可能性をあらかじめ切り捨ててしまうというのは私には賛成できません。

本書を読まれている方で脂肪吸引を希望されている方は、リスクの説明を受けた上で、納得してから受けていただきたいと思います。

もしそういうリスクを全部抜きにした場合、私が脂肪吸引をやれば誰にも負けない自信があります。うちのクリニックで脂肪吸引をメインに押し出せば、もっと儲かるし、それこそトップに立てると思っています。

でも、**人に悲しい思いをさせるかもしれないリスクのあることでお金儲けをしても、私はまったくうれしくありません。**

いい人ぶっているわけでもなんでもなく、それが私の正直な思いです。

どんな仕事であっても、相手にとって最良の選択肢を提示し、誠実に対応して自分のファンを育てていけば、お金は必ず後からついてくるのです。

今日から人生をやり直すためのヒント

「相手のために何が一番いいか」を考えれば、売り上げもお金もついてくる

成功するための必須アイテムは「影響力」と「鈍感力」

「影響力」こそ最大の営業力

ＳＮＳに興味がなく、人前に出ることも苦手だった私がＹｏｕＴｕｂｅを始めたのは、何を隠そう、**高須クリニックの高須克弥先生を目指しているから**です。

高須先生の言動に賛同しているというわけではなく、高須先生の「影響力」を素直に尊敬しているのです。

以前は、高須先生が過激な発言をして炎上しているのを見て、「変わった人だな……」と感じていました。そもそもあんな過激なことを言ったら、「クリニックに行こうという人が減るのに」などと思っていたものです。

でも美容外科も淘汰の激しい時代。そのなかで高須クリニックはずっと高い人気をキープしています。それは本当にすごいことではないでしょうか。

なぜ高須クリニックがその座を保っているのかといえば、やっぱりあの高須先生の知名度も絶対関係していると私は思います。

人はいろいろ言うけれど、「ああ、あの高須先生ね」と誰でも知っていますよね。高須先生自体が「一大看板」「広告塔」になっているわけです。あのマーケティングは本当にすごいと感心させられます。

この業界、どんなに腕がよくてすばらしい手術ができても、スマホで検索して出てこなかったら、まったく勝負になりません。勝負にならないどころか、言ってしまえば「存在しない」のと一緒です。

そのためにはSNS戦略は不可欠で、それには**私自身が前面に出て「あの先生知っている、YouTubeで見た！」「ああ、メディアでよく見る先生ね」というアイコンにならないといけない**と悟ったのです。

世の中に出ていくのを怖がってはダメなんだと思い、得意ではないけれど自らメディアに出たり、YouTubeをやったりするようになりました。

影響力を持つことで、できることの幅は広がるし、ビジネスもさらに上のフェーズに行けます。自分もそれで進化できる気がします。

ちなみに高須克弥先生のご子息である、高須幹弥先生とは大学の同期です。なぜか私のほうがトシが3つも上ですが。幹弥先生は当時から優秀でしっかりした人という印象でした。美容外科に来るとは思いませんでしたが。まあ向こうもそう思っているかもしれません（笑）。

人に何を言われても気にならないメンタル術

世の中に出て名前が売れると、いろいろなことを言われます。

私なんか知名度という点ではまだまだだと思うのですが、それでもSNSではアンチコメントを書かれます。

以前、豊胸手術をライブ配信したときも「麻生は（手術用の）帽子をかぶっていない」と非難のコメントがきました。髪の毛があるから帽子をかぶる必要があるのであって、私は髪の毛がないから帽子がいらないのです（笑）。

ただ、アンチコメントをしてくる人であっても、結局、貴重な自分の時間を使って私の手術をずっと見てくれているわけです。だからそういう人もある種のファンだと思っています。

今はもう人から何を言われても気にならないし、どんなことも受け流せるようになりました。

「普通でいいの？」

私も最初からメンタルが強かったわけではありません。

前述したように、育てた先生がどんどん独立してしまったり、実の弟ともめたり、1億円の横領をされたりと、いろいろ続いたときは、さすがに精神的に傷ついて、何もかもが嫌になってしまいました。

「もうみんな勝手にやったら」みたいな投げやりな気持ちになって、しばらく1人で沖縄に引っ込んでしまったこともあります。

沖縄には1院、クリニックがあるのですが、そこで細々と仕事をしながら、好きなウインドサーフィンを思いっきりやって、**「もう最高！ オレの人生、もうこれでいいわ！」**と悦に入っていました。


そんなある日、所用で大阪に戻り、以前から親しくしていた社長さんと食事をすることになりました。この社長さんはパチンコ店を手広く経営するやり手です。

その社長さんに「雇っても雇ってもすぐみんな独立していってしまうし、弟には裏切られるし、もう疲れました。全部閉めて沖縄に引っ込みますわ」みたいなことを愚痴ってしまったのです。


そうしたらその人の第一声が「先生、甘いこと言ってんなぁ」でした。

「自分の雇っている先生とかスタッフが独立していっちゃうって、そんなところに情をかけてるの？」と聞かれました。

私のことだからめちゃめちゃ情をかけていました。人を1人雇うということは、その人の一生を面倒見て、家族も守るという気持ちでやっていたのです。

「麻生先生ね、沖縄で1院だけクリニックをやるのもいいけど、それって普通だよね。普通のドクターでしょ。先生は普通のドクターでいいの？」

と、こう言われたのです。

ハッとしました。

「いや、普通では嫌です。普通になんかなりたくない」

思わず自然に出た、それが私の本音でした。

「だったらもう誰がやめたとか、もめたとかね、そんなもん1ミリも気にする必要なんかないでしょう。誰に裏切られようが、先生は先生のやるべきことをやり続けたらいいんじゃないの？」

まさに雷に打たれたごとく、自分の中で何かが開いた瞬間でした。

自分が本当にやりたいこと、自分が求めていることを再認識できたのです。

「鈍感力」を持つ

その社長さんも成功するまでは大変な紆余曲折があったそうです。

「人に裏切られた数なら、オレは先生の比じゃない。そんなのいちいち気にしてるからダメなんだよ。もっともっと鈍感にならなくちゃ」

そう、私に必要なのは**「鈍感力」**だったのです。

そこから、**「ネガティブなことにいちいちフォーカスしない」という訓練**をするようになりました。

たとえば最近もすごく実力のある先生がうちから独立しました。いろいろなところに海外留学もさせて、丁寧に育てた先生だったのですが、やっぱりうちを出ていってしまったのです。

ここで「あんなに一生懸命育てた先生がやめてしまったのは痛い」と、今さらどうにもならないことにフォーカスするは時間のムダです。「あの先生は8年間もうちにいてくれた。

8年もの間、多大な貢献をしてくれた」と、相手がしてくれたことにフォーカスするのです。

そしてとにかく気にしないこと。急にできるようになるわけではありませんが、これはもう訓練しかありません。

訓練しているうちに、必ずあなたにもできるようになります。

今日から人生をやり直すためのヒント

成功したいなら
アンチや裏切りは気にしない。
影響力と鈍感力を身につけよう

「不安」だからこそ動く

私の原動力は「不安」

年商220億円超、22億円の自社ビル、世界各地に別荘を持ち、ストラディヴァリウスを4挺所有（一番高価なものは8億円）と並べると、一般的には成功者と言えるのかもしれません。

人から「これだけのものを築き上げたのだから盤石ですね」「一生安泰でしょう」などと言われることもあるのですが、私はそんなふうにはまったく思っていません。

それどころか「驕《おご》る平家は久しからず」という言葉があるように、**いつ落ちるかわからないという危機感をいつも抱いています。**

だって人生、いつ何があるかわからないし、大きな病気をするかもしれないわけです。

いつかこのビルやヴァイオリンを手放すときがくるかもしれない。そういう想定は常にしています。

こうした不安がいつもあって、不安があるから動いていると言っても過言ではありません。

これは経営者であれば、みんな抱えていることだと思います。うまくいっている人ほど、次の手を打ったり、新しい分野にチャレンジしたりするものです。私にはその気持ちが本当によくわかります。

「プランB」を常に持っておく

私の場合、**親を見てきたから、なおさら危機感がある**のだと思います。

前述したように、事業が成功してめちゃめちゃ羽振りがよくなったかと思えば、急に転げ落ちて明日の米にも困る極貧状態に陥る……といったことの繰り返しでしたから、そのときの恐怖がいつもあるのです。

だからどれだけうまいこと事が運んでいても、**「これがコケたらどうする」という「プランB」**を私は常に持っています。

私の場合はそれが医師免許であり、美容外科医としてのスキルです。もし今この東京美容外科がつぶれて、世間から総スカンを食らう事態になったとしても、医師免許さえあれば、美容外科医として他のクリニックで雇ってもらったり、健診のドクターや当直のアルバイトをしたりして、一からやり直すことができるわけです。「全国110以上のクリニックを運営していた人が当直のバイトねぇ」などと人には言われるかもしれないけれど、私はまったく平気です。そのぐらいの覚悟はあります。あるいは音大を出てヴァイオリンが弾けるのだから、子ども向けの音楽教室を開いたっていいかもしれません。

お金はだまされて取られることがありますが、自分が人生で積み上げてきた技術や知見は誰にも横取りできません。そして技術や知見は**お金には換算できないけれど、ものすごい価値のある資産であり、富**です。

だからもし一文無しになったとしても、**自分の中の無形の資産を総動員すれば何をしても食っていける**はずです。

「自分には何も資産がない」と言う人もいるかもしれませんが、健康なら日雇い労働だってなんだってできるじゃないですか。**健康というのは何物にも代えがたい価値のある資産です。**

私が「手術」を手放さない理由

だから私は今、運営するクリニックが110を超えて経営の仕事がめちゃめちゃ忙しいけれど、手術だけは絶対に手放しません。

クリニックをチェーン展開するお医者さんの中には、「経営に専念して、もう臨床はやっていない」という先生もいます。でも、私は細々とではあっても絶対に現場に立ち続けます。

それは手術の勘が鈍るのが怖いから。手術はやり続けてこそ、スキルが維持できるからです。

特に美容外科のような繊細なセンスが必要とされる手術は?、3年のブランクから、ポンと元に戻ってやれるものではありません。

もし**私がすべてを失って、一から人生をやり直すときはこの手術の腕しかない。その糸だけは手放してはならない**と心に決めています。

仮に私が一文無しになったら、湘南美容クリニックさん雇ってください(笑)。めちゃめちゃいい手術しますから！

不安を言い訳にせず、モチベーションに変えられる人こそが、何があっても人生をやり直せるという自信を手にし、成功をつかみ取れると私は信じています。

今日から人生をやり直すためのヒント

不安だから動く。不安は原動力

第5章

人生を今日からやり直すなら、やりたかったことを全部やろう

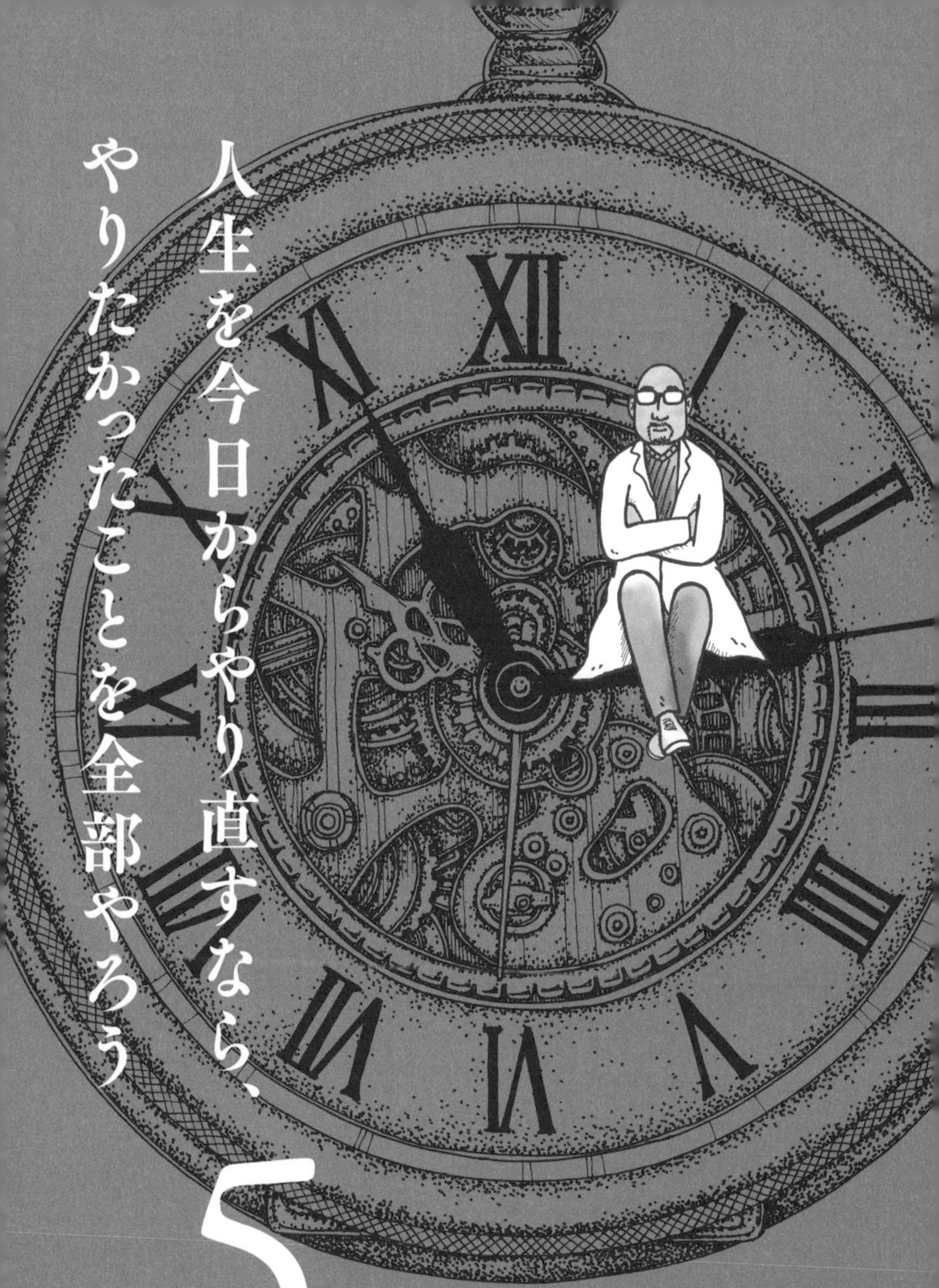

ダメだったらやり直せばいい

医者の世界は厳然たる学歴社会だった

医師になってみて驚いたのが、この世界には厳然たる「学歴差別」があることでした。医学部はどこも偏差値が高く、「入れたらすごい！」というイメージがあるかもしれません。だから「どこの大学であっても関係ないのでは？」と不思議に思うかもしれないけれど、それが関係大アリなのです。

最初は私も「たかが大学入学時の18歳のときの偏差値で一生が決まるわけではない。医師になってからが本当の勝負だ」と思い、学歴のことなどまったく気にしていませんでした。

もちろんこれは正論です。どの大学出身であろうと医師免許さえあれば同じ。大事なことは結果を出すことです。

しかし正論通りにいかないのが現実です。


1つの例をお話ししましょう。

私が独自の豊胸術を開発したことは前述の通りです。

「こんないい方法はない！」と、私はこれを自信満々で学会で発表しました。

するとどんなことが起こったと思いますか？

誰も聞いてくれないのです。

「どこの馬の骨ともわからんやつが何をほざいているのか」といったテイで、まともに相手をしてくれません。

どんなにいい発表をしても、出身大学のランクが今一つだと聞いてもらえないのです。


ほかにも「眼瞼下垂《がんけんかすい》」といって、まぶたが下がってきて目が開きにくくなってしまう症状の手術についても、切らなくて済む画期的な方法を開発したのですが、これも同じく相手にされませんでした。

豊胸術についてはあまりに悔しかったので、同じ内容を、うちのクリニックの慶應卒の先生に学会で発表してもらったこともあります。

そうしたらなんということでしょう。みんな「ははーっ」と拝まんばかりに話を聞いてくれたのです。

世間的な信用を得ることも大切

「これはもはや、キレイごとを言っている場合ではない。学歴が大事な世界なのだ」

痛烈にそう感じました。

もちろん、臨床では学歴などまったく関係なく、結果がすべてです。美容外科の世界で言えば、いかに安全に、いかに審美的に患者さんの希望に沿った結果が出せるかが一番大事です。そういう信条でがんばっておられる先生方もたくさんいらっしゃいます。

しかし**私は影響力を持ちたかった**のです。そして**世間に対して影響力を持つためには、学歴も1つの看板として大事**なのだと私は考えました。

多くのクリニックを束ねて運営する立場として、「自分の世間的な価値を上げていかないと、優秀な先生を雇いづらい」という経営上の事情もありました。

信用の獲得のため、私は慶應大学の大学院に進み、博士号を取得したのです。

「信用」を獲得すれば人生が変わる

結論から言って、慶應の大学院を修了したことで世間の扱いがガラッと変わりました。実にわかりやすい世界なのです（笑）。

学会では今までは誰も話を聞いてくれなかったのに、**いきなり「座長」に指名される**ようになりました。学会の座長というのは、要は進行役のことですが、有名大学出身の先生が指名されることがほとんどです。

テレビなどでコメントを求められたときも、かならず**「慶應義塾大学医学部非常勤講師・医学博士」**という肩書きが付けられるようになりました。「東京美容外科統括院長」というより、「慶應」のほうが価値があるのです。

今では慶應義塾大学医学部の非常勤講師をさせていただいているだけでなく、「東京美容外科」が「慶應義塾大学病院医療連携協力医療機関」に認定され、共同研究を行っています。

経歴をここで自慢したいわけでもなんでもありません。**「医者は肩書など関係なく、臨床での結果がすべて」という思いに変わりはありません。**でも世間的な信用を得たことで、周りからの評価が変わったことは間違いないことです。

学歴が必要ならいつでも取りに行けばいい

これは医者に限らず、どの世界にも多かれ少なかれあることではないかと思います。

私立の、それほど偏差値の高くない大学の出身で「自分は学歴の壁があるから出世ができない」と嘆く人の話も聞きます。

でもそんなことで悩んでいるのなら、**さっさと大学に入り直したり、大学院に入れば済むこと**です。今からでも**挑戦し直せばいい**のです。

学歴の獲得ということにとどまらず、社会人になってから大学・大学院で学び直すというのはものすごく意義のあることだと思います。

多くの人が一度落ちるとそこであきらめてしまうのです。でもあきらめるのは絶対にダメです。私だって大学院で慶應に入ることができたのです。

今は社会人向けのプログラムを用意している大学も多く、非常に学びやすくなっています。私もその制度を使って音大を卒業しました。

その意味では**日本は「やり直し」ができる、いい国**だと私は思います。

今日から人生をやり直すためのヒント

日本はやり直しのきく国。
何歳からでもやり直せばいい

人生に「遅すぎる」なんてない

46歳で音大入学！

「そうだ、音大に行こう！」

まさに「そうだ、京都、行こう」ぐらいの軽いノリで私は「音大受験」を決めました。

その年の暮れ、私はスタッフみんなとハワイ旅行に行っていました。

クリニックの業績もよかったし、通っていた慶應の大学院でも医学博士号を取得して修了できる見込みがつき、実に開放的な気分でした。

ハワイでもサーフィンざんまいで楽しんでいたのですが、ふと**「3月に大学院を修了したら時間ができるな」**という考えが頭をよぎりました。

実は**40歳を過ぎてから私はヴァイオリンを本格的に習い始めました。**

最初はヴァイオリンの先生について習い始めたのですが、やっぱり**音楽というのは「仲間」が欲しい**のです。ほかの楽器の人と一緒に合奏したり、情報交換したり、そういう仲間がいてこそ、音楽は楽しいのです。

だから私はいつかは音大に入りたいと思っていました。音大で本格的に音楽を学び、仲間を作りたかったのです。

ただ、ヴァイオリンの先生は私の音大進学にはあまり乗り気ではありませんでした。「今の実力ではちょっと難しい。来年か、再来年、考えましょうね」と言われて、私も当初は「そうか……」と思っていました。

でもハワイで**「今でしょ！」**と思いついてしまったのです。

その足で、ハワイでピアノを買いに行きました（笑）。

人生は今日が一番若い！

人生は今日が一番若いわけです。1年、2年かけて準備していたら、その分トシを取ります。50歳を目の前にした私は1日でも早く入学して、音大がどんなところか知ったうえで対策を立てないことには、卒業にはこぎつけられないと思いました。

12月にハワイで受験を決めて、受験したのが3月。無事、合格できました。

ヴァイオリンの先生はもちろん、私のためを思って「時間をかけて準備をしましょう」と言ってくれていたのですが、私にはその「時間」がありませんでした。

確かに「音大は子どもの頃から音楽を習って、長年準備してやっと入るものだ」といった常識があります。私のような大人になってから遅いスタートを切った人が、短い準備期間でおいそれと入れるものではないと思われているのです。

そんななか、大人になってから本格的にスタートした私は不利な条件のカタマリでしかありません。でも私は過去の手痛い失敗から、**「人生はいつでもやり直せる」「あきらめずにチャレンジすれば道は開ける」**ことを学んできています。

事実、道は開けました。

思い切って音大に入ってよかったのは、まさに**私の求めていた「音楽仲間」ができたこ**とです。

私は社会人入試だったのですが、同じ制度で入学してきた社会人3人とすぐに仲良くなりました。3人は年齢も職業もバラバラで、定年退職後に入ってきたという男性が2人、1人は現役の薬剤師の女性。なんのことはない、私より年上の人もいたのです。**この4人で励まし合って卒業までこぎつけることができました。**この人たちとは今でも交流が続いています。

もちろん若い学生とも友達になり、音楽の世界の深さを知ることもできました。本当に**音大に行ったことは私の人生の宝**となっています。

これからはやりたいことを全部やろう

「これからは人生をやり直すつもりで、自分がやりたいことを全部やっていこう」

そう思ったのは美容外科医になって10年目あたり、3回目の離婚をしたときのことです。寝る間も惜しんで必死で働いてきて、事業もプライベートもいろいろなことが一段落ついたことで、やっと自分のやりたいことに目を向けることができたのです。

まずはずっとやりたかったマリンスポーツを始めました。マリンスポーツは学生時代から興味があり、いつかはやってみたいと思っていました。ヨットを少しやってみたこともありますが、忙しくて本格的には取り組めていなかったのです。

音楽も先ほどお話ししたように、40歳を過ぎてから始めました。

音楽を始めたのは、マリンスポーツができなくなったときのことを考えたからです。マリンスポーツは大好きだけれど、この先、トシがいったら体は今と同じようには動かなくなるわけで、そうなったときのための趣味を何か持っておきたいと思ったのです。

本で**「音楽と言葉だけは神様が人間にくれたプレゼント」**という一文を読み、いたく感銘を受けたこともあります。

今までは自分のことはすべて後回しにして無我夢中で働いてきたけれど、**これからは人**

生のプレゼントをしっかり受け取ろうと決めました。

マリンスポーツと音楽に挑戦したことで、私の人生は間違いなく豊かに、充実したものになっています。

誰にも長年やってみたいと思っていたことがあると思います。「今からでは無理」と自分で自分を縛るのをやめ、ぜひチャレンジしてみてください。人生は今日このときからやり直すことができるのですから。

今日から人生をやり直すためのヒント

神様がくれた「人生のプレゼント」を全部しっかり受け取ろう

「時間」こそ人生における最も大事なリソース

時間を意識する人と意識しない人の違い

人生をやり直すと決めたとき、なんといっても大事になってくるのは「時間の使い方」だと思います。

時間だけは誰にも平等に与えられたものですが、今からやり直すのなら、1秒もムダにすることなく、有効に使わなければなりません。

「時は金なり」はまさに至言だと思います。

時間こそが人生における最も重要なリソース（資源）です。だから私は「お金の節約」はあまり意識していませんが、**「時間の節約」**についてはものすごく考えています。

どんなにお金があっても時間は買えないけれど、お金で時間を節約することはできるからです。そして**時間の節約を意識するようになってから、より事業を拡大することができたのです。**

移動時間を短縮する

私の時間の節約法はまず、**「移動時間の短縮」のためには投資を惜しまない**ということです。

全国に110あまりのクリニックがあり、海外にも展開していますから、日常的に出張があります。

飛行機はフライトの時間に合わせて空港に行かないといけません。空港では手荷物検査などを受ける必要があり、乗るまでに時間がかかります。着陸しても待たされて、荷物を預けた場合はピックアップしたりと、どうしても時間のロスが発生してしまいます。

だから数年前に**プライベート機を購入**しました。6億円しましたが、**時間のロスがなくなって移動がめちゃめちゃラク**になりました。体も疲れないので、その日を有効に活用できます。

ヘリコプターも所有していて、こちらも仕事はもちろんですが、別荘への移動などに使っています。

維持費もそれなりにかかるけれど、**私にとっては非常に価値のある買い物**だったと思っています。

「1分1秒を惜しんで趣味と仕事に励む」ために

ほかにも時短の工夫をしているのが住居です。

赤坂の東京美容外科の自社ビルの1フロアを住居の1つとしているので、**通勤時間は0分**です。

住居スペースのリビングには施術室の様子を確認できるモニターを設置していて、オペの状況をリアルタイムで確認することができます。万が一、トラブルがあった場合の緊急対応のためです。

またビルの地下にはコンサートが開けるスタジオを完備。防音になっていて、ここでミニコンサートを開いたり、音楽仲間とセッションをしたりしています。

つまり**仕事、住居、趣味をすべて1カ所でまかなうことができている**わけです。

「1分1秒を惜しんで趣味と仕事に励む」というのが私の信条です。

なぜ私が時間管理をここまで意識しているかというと、やはり過去の教訓があるからです。

これまでお話ししてきたように、美容外科医になって10年間はクリニックの経営状態も浮き沈みがあり、自分の学費や親の借金の返済、それから親、親族の生活の面倒を見るために無我夢中で働いてきました。休みもろくに取らず、もちろん趣味を楽しむ時間もありませんでした。

ようやく自分のやりたいことにお金を使えるようになった今、欲しいのは「時間」なのです。

だから私は**「時間をお金で買う」ことに躊躇《ちゅうちょ》しません。これぞまさに「大人買い」です**（笑）。

時短術があったからこそ音大を卒業できた

46歳で音大に入学したときも、**時短術を最大限に活用**しました。というよりも時短術がなかったら卒業できなかったと言ってもいいと思います。

働きながら学べるカリキュラムだったとはいえ、仕事をしながらの学生生活は大変でした。

その前に通った慶應の大学院ももちろん大変でしたが、そちらは授業が週1回程度で研究がメインだったので、まだなんとかやりくりできました。

それに比べると**音大は週に3回、昼間の時間にきっちり通わないといけない**わけです。

これはもう**普通に定期を買って電車通学をしていたら絶対無理**だと思いました。

そこで秘書に車で送迎してもらうことにして、車の中では仕事の連絡をしたり、睡眠をとって体を休めたりしていました。

また、たとえば1限と4限があってその間が数時間空くというような場合は、1限のあとクリニックに戻って仕事をして、また4限を受けに大学に戻るなどしてやりくりしました。

高速に乗って専用の運転手に送ってもらう音大生というのは珍しいかもしれませんが（笑）。

世の中には「自分がやらないといけないこと」「自分にしかできないこと」がある一方で、「自分がしなくていいこと」「他人に託せること」があります。

そこで**「自分がしなくていいこと」「他人に託せること」を切り離すことが「時短」のためのコツ**だと思います。

練習用のマンションを借りる

練習場所の確保もお金の力で解決しました（笑）。

音大生というのは、時間を見つけては、ピアノとか歌とか、それぞれの専門を自習しないといけないわけです。

基本的には大学に練習室があって、みんなそこで練習するのですが、この練習室が割といつもいっぱいなのです。そういう場合は近くのカラオケルームに行って、そこで練習したりします。カラオケルームというのは防音ですから、練習場所にピッタリなのです。

でも私は時間がないので、思い切って**大学の校門を出たところにマンションを借りてしまいました。**ワンルームマンションですが、音大生用にちゃんと防音になっていて、周りを気にせず練習できます。

ただ、私はこのマンションを自分だけが使うために借りたのではありません。**同級生の若い学生たちに貸し出して自由に使ってもらっていました。**

みんなが練習場所に困っている中、**いい大人である自分だけ練習室を借りて、特権を行使するのは違うなと思ったから**です。

部屋を貸し出したことで若い学生とも友達になれたし、その部屋にピアノの先生を呼んでみんなで教えてもらうこともありました。

この部屋のおかげで隙間時間をうまく活用できたし、みんなにも喜んでもらえたのです。

プライベート機なんて買えるはずもないし、練習用マンションを借りることだって難しいから、自分には時短は無理……と思われた方もいらっしゃるでしょう。

私にとっては、移動時間が最も節約できる時間だっただけ。自分にとって最も節約すべき時間は何か考えてみてください。それが、**今日から人生をやり直し、やりたいことをどんどん叶えていくカギ**になります。

今日から人生をやり直すためのヒント

時間は人生で最も重要なリソース。
時間を最大限有効に使った人だけが
成功できる

「人付き合い」から得られるもの

人見知りで人前で話すことが大の苦手だった私

人生をやり直そうと決めたとき、「人間関係の見直し」も大事な要素になってきます。

義理やしがらみで付き合っていた人間関係はこの際、リセットしてもいいけれど、逆に人付き合いが苦手な人は、人付き合いを構築し直すことも大事だと思います。

というのは、**人生は人付き合い、人間関係から開けていくもの**だからです。

「自分は人付き合いが苦手」とか「人と上手にコミュニケーションを取ることができない」と言う人もいますが、それは**すごくもったいない**ことです。

なぜそんなことを言うかというと、私自身が**人見知りで、人付き合いが上手なほうではなかったからです。**

以前はパーティに行って自分から話しかけることなど絶対にできず、隅の方で人に話しかけてもらうのを待っているほうでした。

また苦手中の苦手だったのが、人前で話すこと。**結婚式の挨拶などは頼まれても固辞し**ていました。**自分のクリニックのスタッフの結婚式でも断っていたぐらい**です。

クリニックのスタッフと食事に行き、みんなの前で「来年の目標を発表する」といったことは平気なのですが、改まった場で人前に立つとなると、とたんに腰が引けてしまうのです。

普段通りの実力を出すには

でも**音楽を始めたことで状況が一変**しました。

音楽はいやがおうでも人前に立って発表する機会があります。これが最初はもう苦痛で仕方ありませんでした。

とにかく緊張でガチガチになり、自分の体が自分のものではなくなるような感覚で、全然上手に弾けないのです。リハーサルではちゃんとできるのに、本番になるとまったく実力が出せません。これはなんとかして克服しないといけないと思いました。

まず、なぜこうなってしまうのかを考えました。

そこでわかったのは**「うまく弾こうとするから」**だということ。

本番で練習以上の力が出るはずがないのに、120％の力を出そうとするから緊張してしまうのです。

本番では**普段通りか、または普段の7割も出せれば上等**と、視点を変えたら少し緊張が和らぎました。

何事も「自分をよく見せよう」とするから緊張するのです。結局それは「自分」にフォーカスしているからです。

人前でも落ち着いて話すことができるコツとは

それは人前で話すことも同じだと思いました。

「こんな話をしたら笑われるかもしれない」「いい話をして立派な人物だと思われたい」と**自分にフォーカスするから緊張する**のです。

そこで自分ではなく**「相手のため」**を考えて、**「ここでどんな話をしたらみんなが喜んでくれるか」「この場ではどんな話が求められているのか」**ということに意識を向ければ、**過度に緊張することなく、自然体で話ができる**ものです。

「相手にフォーカス」すると、自ずとスピーチ内容もクオリティが上がります。

たとえば結婚式なのに「私はどこどこ大学病院の教授で、どこそこの研究所でこういう研究をやってきて、どうのこうの」と自分の話を延々とする人がいるのですが、そこは求められてないですよね。そんな話は1分で眠たくなります（笑）。

そうではなく、「新郎の○○君と私が初めて会ったのはどこどこでした。そのときこんなエピソードがあって、本当に優しい男だなと思いました」、あるいは「新婦の○○さんがお美しくて、こんなキレイな人と結婚できるなんてうらやましい」といった話だったらみんなが喜ぶじゃないですか。

「For me」ではなく「For you」。そこにフォーカスできるようになったとき、私は人前で話すことに緊張がなくなりました。

人見知りを克服する

それとは別に**人見知りを克服する努力**もしました。**これも私にとっては1つの「人生のやり直し」です。**

一気にできたわけではなく、1つ1つ壁を壊して、自己変革をしてやっとここまでになれた感じです。本も読んだし、セミナーに参加してみたこともあります。

でも転機になったのは「人見知りというのは甘えだな」と気づいたことです。「自分はこういう性格だから、そっちが私を理解して話しかけてね」というのはやっぱり違うなと思ったのです。

今はパーティならまず、ホストのところに行って「私はこういうものです」と自己紹介をして、周りの人にも自分から積極的に挨拶します。

自分から話しかけられないという人もいるけれど、そしたら**「僕は人見知りであまり話が上手ではないけれど、今日は思い切って来ました」**と自己開示してしまえばいいのです。

そうしたら人は邪険にしませんよ。「いやいや大丈夫、みんなで一緒に話そうよ」と言ってくれるものです。

かつての私がそうだったように、仏頂面して隅っこに立っている人には誰も声をかけません。**自分からアクションを起こす、行動して交友関係を広げていくことが、成功するためには絶対必要**なことだと思います。

恥をかくことを恐れない

でもこれができるようになったのは本当に最近のことです。根っこはやっぱり人見知りなので、今でも決してコミュニケーションをとるのが上手というわけではないし、テレビ出演や学会発表などはやっぱり緊張します。

この間も学会発表を頼まれたのですが、本気でもう逃げ出したいぐらいです。

だって偉い先生たちがずら一っと並び、「う～ん、それはちょっと違うんじゃない～?」とか、いろいろ細かいことを言われるわけです（笑）。

ただ、以前なら少しでも意見されるとタジタジとなっていましたが、今はなんとか切り抜けることができるようになりました。

コツは特になく（笑）、わからないことはわからないと言えばいいだけです。「ではこういうときはどうすればいいでしょうか」「先生方に教えていただきたいのですが」と逆に質問して、先達に教えを乞えばいいのです。そうすれば議論も盛り上がるし、聞いている人にもプラスになります。

自分をよく見せよう、その先生たちに勝とうとするのではなく、仲よくなってしまえばいいのです。


そうやって試行錯誤を重ねているうちにわかったのですが、人前に出て、恥をかくことで学べることはたくさんあるし、それ自体、ものすごい価値のあることなのです。

だから今は「どこそこで講演をしてください」とか「ヴァイオリンを弾いてください」というときは、できる限り引き受けています。


人は人と交わることで成長するし、大きな学びが得られます。

だからこそ、人付き合いを苦手としている人は克服したほうが絶対にいい。今日から人生をやり直したいと思いながら、人付き合いへの苦手意識からまたいつもの自分の殻に閉じこもってしまうのはあまりにももったいないことです。少しずつでも人と交わる努力を重ねていけば、必ず新しい世界が開けていきます。

今日から人生をやり直すためのヒント

人との出会いは人生を豊かにする。
苦手なら努力をして枠を広げていこう

第6章

人生を今日からやり直すなら、見た目も若く美しくなろう

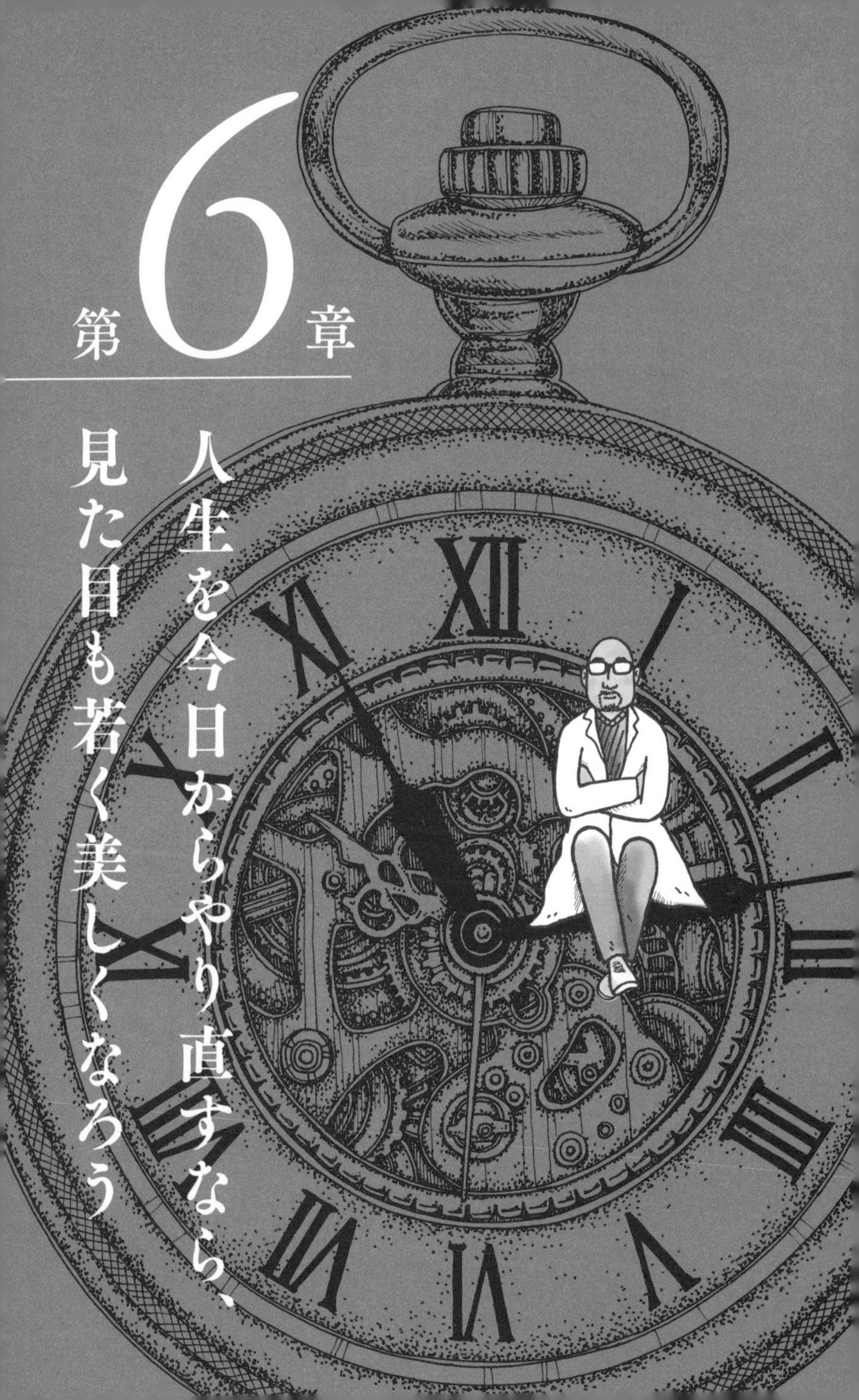

「美」への投資は計り知れない経済効果を生む

ヴァニラさんとの出会い

美容整形で有名な**ヴァニラさんとの出会い**は大阪の高級クラブでした。

ちょうど心斎橋にクリニックを開いたばかりの頃です。

私は高級クラブでホステスさんと談笑してお酒を飲むのは得意ではないのですが、女性のお客さんを紹介してもらうための営業のつもりで通っていました。

そこで出会ったヴァニラさんに**「美容整形をもっとオープンなものにしたい。当たり前のように普通の人が受ける医療にしたい。それをアイコンとなって広めてくれる人を探している」**と言ったら、**「私、やりたい！」**と言ってくれたのです。

今でこそSNSで「二重にしました！」「豊胸手術してきました！」と写真をアップしてオープンにしている人がたくさんいますが、当時はまだまだ美容整形はマイナーな存在。「一部の特別な人がこっそりやるもの」といったイメージが根強くありました。

そんな時代にヴァニラさんはメディアに出て堂々と美容整形を公言してくれたのです。とても勇気の必要な行為だったと思います。

ちなみにヴァニラさんがOKを出してくれたのは、**「麻生先生は親身になって相談に乗ってくれたので安心できたから」**だそうです。ありがたいことです。

テレビに出て堂々と「ビフォー・アフター」を公開したヴァニラさんに対して、最初は多くの人が非難しました。

「顔なんか変えたって中身が変わらなければ意味がない」とか、「あんなに整形したら、今に顔が崩れる」とか。

でも、しばらくすると「私もヴァニラさんみたいになりたい」「ヴァニラさんは私のあこがれです」という人がじわじわと増えていきました。うちのクリニックにも「ヴァニラさんみたいにしてください」という人が殺到したのです。

今、彼女はYouTube、Instagramでも人気だし、ファンクラブサイトもあります。

ファンがいるってすごいことですよ。人に応援されるというのはすごい力になるし、そこでビジネスだって生まれます。そういう意味では彼女は1つのステイタスを確立したと思います。

外見が変われば人生は激変する

「美容整形なんて」と顔をしかめる人がいるけれど、**外見を変えるというのは、特に女性にとってはものすごく大きなこと**です。**美容整形で人生が劇的に変わった人を私はどれだけ見てきたか**わかりません。

先日もある50代の女性が「老け顔をなんとかしたい」ということで来院されました。

子育てが一段落してある日鏡を見たら、顔があまりに老け込んでいてショックを受けたということでした。

その方はフェイスリフトを受けたのですが、1カ月後に来院されたときは、「別人？」というぐらい変わっているのです。

もちろんしわやたるみがなくなって若返ったことも大きいのですが、それだけでなく表情がすっかり明るく、笑顔がはじけているのです。最初にいらしたときの、うつむき加減で笑顔もほとんど見られなかった様子がウソのように、華やかな雰囲気になっていました。

こういうとき、**私は本当に美容外科医になってよかったなぁと思います。**

人に喜んでもらえて、人生に対して前向きになれる、そのお手伝いができるこの仕事が私は大好きだし、心から誇りに思っています。

美容外科に転向したばかりの頃の、「お金のためには仕方ない」と不満満載の私が今ここにいたら、**ピコピコハンマーでペチッと叩いてやりたい**です。

「リベンジ整形」で人生をやり直す女性たち

最近多いのは、「ダンナに浮気されて離婚したから、慰謝料で整形したい」というケース。「悔しいから、キレイになって元ダンナを見返してやる」という人です。

いわば**「リベンジ整形」**です。

なかには**「自分は女として怠っていた。一番手を抜いてはいけないのはダンナだった」と反省しきりの人**もいます。

でもそういう人たちが二重にしたり、しわを取ったり、胸を大きくしたり、歯をキレイにしたりして、美を手に入れて、新しい人生に踏み出していくのを見ると、「美への投資」というのはものすごい価値のあることだなとつくづく感じます。

ただ、一方で、今からでも変われるし、遅すぎることは決してないけれど、**変わるのは早いほうがいいということもまた真実**だと思います。

60歳の人が二重にして豊胸して、人生をやり直そうというのはもちろんいいのですが、その人がそれを40歳でやっていたら、もう20年間、美しい状態でいられたわけです。

これをいうとポジショントークのようになってしまいますが、やっぱりそれは現場で見ていていつも感じることではあります。

いずれにせよ、誰にとっても大事なのは「今」であることには間違いありません。**決断すべきはいつだって「今このとき」**なのです。

男性も老化に対して抵抗すべき

女性は外見で人生が変わるという話をしてきましたが、実は**男性だって同じ**です。

私も50歳を過ぎましたが、同級生なんかを見ていると、もうあきらめてしまっている人がどれだけ多いことか。でっぷりして、老け見えしている人がいっぱいいるのです。

逆に**60歳を過ぎても、バリバリ筋トレしてすごく若見えする人もいる**わけで、**意識している人とそうでない人では、大きな差が生まれます。**

もちろん、そうはいっても70歳、80歳になったら誰でも老けますし、「オレは自然に任せる」という人もいるでしょう。そういう考えも否定はしません。また「外見より内面を磨くことのほうが大事」という意見ももちろんあるでしょう。

でも「若く見える」ということは間違いなく大きな資産だと私は思います。若く見える人はやっぱり気持ちも若いし、いろいろな意味でトクだと思うのです。

だからそこに向かってできることがあるのなら、抗ったほうがいいというのが私の意見です。男性も若さを保てばいくらでも人生をやり直すことができるのです。

フェラーリに乗ることよりも、腹筋が割れているほうがはるかにカッコいいと私は思っています。

今日から人生をやり直すためのヒント

外見を変えれば心が変わる。
心が前向きになれば人生は劇的に変わる

20代で若ハゲになった私の黒歴史①

モテたいのに25歳で若ハゲに……

外見がいかに大事かということを強力に裏付ける話として、**私の若ハゲ物語**を披露したいと思います。

私が**薄毛に気づいたのは25歳、大学5年生のとき**でした。

友達の家に遊びに行ったとき、その友達のお母さんが私の頭を指して**「あら、麻生君、だいぶ来ちゃったんじゃないの?」**と言うのです。

それまでまったく気にしていなかったのですが、家に帰って、鏡でまじまじと見てみると、**本当に生え際と頭頂部が薄くなりかけている**ではありませんか。ハゲているというほどの状態ではなかったものの、25歳の男子にとっては大変ショックな出来事でした。**20代で堂々とハゲる自信などなかった**し、何よりも**私は女性にモテたかった。ハゲている場合ではない**と強く思いました。

これはなんとかしないといけないと最初に行ったのは、**増毛サロン**でした。

増毛というのは1本の髪の毛の根元に2本の人工毛を結びつけ、毛量を増やすという方法です。

お金もすごくかかりました。当時で50万円という金額でした。

ところがこの増毛法、施術した当初はいいのですが、髪の毛が伸びると当然、結び目も伸びてくるわけです。だから定期的なメンテナンスが必要でした。

そして最悪なことに、**これをしてからテキメンに抜け毛が増えた**のです。抜けた毛を見ると、**必ず「結んだ地毛」**でした。**本来1本を支える毛根に3倍の力がかかったせいで重みに耐えきれず、抜けてしまう**のではないかと思います。

今は技術が進んでそんなことはないのかもしれませんが、**増毛を考えている人はどうか**

事前によく調べてから施術されることをお勧めします。

こうして私はヅラになった

「どうしてくれる、増毛をしたら余計薄毛が進んだじゃないか！」

私は増毛サロンに文句を言いに行ってやりました。

すると相手は「お客様、それならいいものがあります」と言って、奥から持ってきたのは……。

「カツラ!?」

さすがにこのトシでカツラなんかかぶりたくない！　全力で拒否した私でしたが、「とにかく1回着けてみましょう」とか言われて半ば無理やり装着させられ、椅子がクルッと回されました。

「い、意外といいじゃん……」

鏡に映っていたのは、以前の私＝羽生結弦似のイケメンではありませんか。ホントに私は昔、スケートの羽生結弦さんにそっくりだったのです（ここはぜひ太字でお願いします！）。

こうして私はカツラをかぶることになりました。

今日から人生をやり直すためのヒント

私だって薄毛はコンプレックス。できればおしゃれな髪型を楽しみたい

20代で若ハゲになった私の黒歴史②

カツラがバレたあの日

思い切ってかぶってみると、カツラは意外にも快適でした。

サッとかぶるだけで**男前が完成**し（ここも太字で！）、**増毛と違って定期的なメンテナンスも不要**です。

見た目もまったく自然で、誰にも気づかれません。

ただ、**大学の友達には自分からパカッとはずして見せていた**ので、みんな知っていました。「はずすならかぶるな」という話ですが、ウケるのがおもしろくて、ついやってしまっていました。

ちなみに、**カツラ同士はお互い、すぐにわかります。独自の「カツラ・センサー」が発動するため**、どんなに自然なカツラであろうとも、**一瞬にして察知する**ことができるのです。

電車の中でふと目と目が合って、「あ……」と思う。会釈こそしないけれど、お互いに**アイコンタクトで「それいいですね、お似合いですよ」などと、そっとエールを送り合う**のです。

話はそれましたが、カツラのまま私は大学を卒業し、大学病院で研修医として働き始めることになりました。

さすがに周りの先輩医師や看護師さん相手に**「実は、ヅラなんです～！」**などとウケを狙うわけにもいきません。**かぶったまま、平然と業務をこなして**いました。

ところがあるとき、**とんでもない事件が起こってしまった**のです。

大学病院ですから当直があります。夜は仮眠室で仮眠を取り、呼ばれたらすぐに起きて救急対応しないといけません。

最初のうちは、先輩医師と2人で当直していました。このときは**先輩が寝てから、そーっとカツラを取って**寝ていました（カツラは寝るときははずします）。

ところがしばらくすると「麻生君は1人でも大丈夫だろう」ということになり、1人で当直をすることになりました。

これで**心置きなくカツラを取って寝ることができる**ようになり、安堵しました。

そんなある日、深夜に緊急コールで呼ばれました。小学生の男の子がひどいぜんそくの発作を起こしているというのです。

飛び起きた私は白衣をひっかけながら、走って病室に向かいました。男の子は心肺が停止するほどの重篤な状態で、私は必死で処置を行いました。

ところがどうも様子がヘンです。

看護師さんたちの視線が私の頭に注がれているのです。

「こんな緊迫した状況でなんで人の頭なんか見てるんだ！」と看護師の態度に私は少々ムッとしながらも、ひたすら蘇生術を行っていました。

行いながらハッとしました。

「しまった、カツラを忘れた！」

まさか**この状況のさなか「忘れたから取りに戻りますんで」**などと言えるはずもありません。そのまま処置を続けました。

「先生、心肺戻りました！」

看護師さんの言葉に「よかった……」とひきつった笑みを浮かべるしかない私。

処置が終わって仮眠室に戻ると、**2段ベッドの柱にひっかけられたカツラがポツンと私を待って**いました。

「オレ、明日からどうすればいいんだろう。みんなにバレるかもしれない」

頭を抱えた私でしたが、心配する必要はまったくありませんでした。その日のうちにウワサは病院中に広まっていたのです。全員が知っていました。

もちろん、面と向かっては誰も何も言いませんでしたが、**「視線」でわかる**のです。

その病院で私と仲良くしてくれていた先輩医師がいました。その先輩もやっぱり髪が薄くて、あだ名は「キューピーちゃん」。

キューピー先輩だけが私に近づいてきてボソッと言いました。

「麻生君、オレには話してくれてもよかったんじゃない?」

……返す言葉もありませんでした。

スキンヘッドの快適さ

結局カツラをかぶっていたのは25歳から28歳までです。

カツラはよかったのですが、マリンスポーツができないことが致命的でした。カツラをかぶっていると飛んでいかないかと気が気ではないのです。

それがストレスで、**カツラを捨てて潔くスキンヘッドを選択**しました。

スキンヘッドにしてみると、もう信じられないほど快適でした。**シャンプーしてドライヤーで乾かすという過程が丸ごと不要**です。ボディソープ1本で顔も頭も丸ごと洗えて、ラクで清潔そのもの。もちろんマリンスポーツもやり放題。

今ではこのスキンヘッドが私のアイコンのようになってしまいました。

だからといって、私が薄毛コンプレックスを吹っ切れたというわけではありません。もちろん昔ほど気にしてはいないけれど、できればおしゃれな髪型を楽しみたいという気持ちは捨てきれません。それもあって、**最近では植毛に取り組んでいます。**

コンプレックスは人を成長させるエネルギー

でもこの**薄毛体験があったからこそ、「発毛クリニックを作ろう」というアイデアが浮かんだ**のです。

私には**髪の毛が薄い人の気持ち、つらさ、苦しさが誰よりもわかります。**

私が薄毛でなかったら発毛クリニックをやろうとは思わなかったでしょう。

発毛クリニックの売り上げは、今やグループ年商220億円のうちの約半分、120億円を占めています。それほど市場性が高いのです。

私が薄毛だったおかげでこの成功があると考えれば、自分のマイナスをプラスに変換できたことになります。そうであれば薄毛体験もラッキーだったなと思えるから不思議なものです。

先ほど述べた学歴の話もそうですが、コンプレックスにも意味があると私は思います。コンプレックスを克服しようと努力することで人は成長できるし、そこを克服することは人生においてものすごい大きな力になると私は信じています。

今日から人生をやり直すためのヒント

コンプレックスを克服しようと努力することで人は成長できる

見た目コンプレックスは1秒で解消できる

世の中には「変えられるもの」と「変えられないもの」がある

美容外科医という仕事柄、多くの人の悩みを聞きますが、私がいつも不思議に思うことがあります。

それはみなさん、**「変えられるもの」と「変えられないもの」をごっちゃにして悩んでいる**ということです。

世の中には「変えられるもの」と「変えられないもの」があります。この2つを明確にすることは実はすごく大事なことです。

たとえば私が在日韓国人というのは変えられない事実です。それで差別を受けたり、嫌な目に遭ったという記憶はあまりないし、どちらかというと**日本と韓国の間で「いいとこどり」をしてきた**ように思います。

私は美容外科の先進国である韓国でいろいろな技術を習得したのですが、私に対して韓国の先生が**「同胞」ということで、すごくよくしてくれる**のです。普通では教えてもらえないこともたくさん教えてもらえました。

もちろん差別を受けたことが全然ないわけではありません。

大学生のときにお付き合いをしていた相手に「韓国の人とは付き合えない」とフラれたことがあります。私が韓国人と知った途端に言われました。

私はその人のことを真剣に好きで結婚したいと思っていたので、すごくショックでした。

他にも大学病院で**「韓国の先生に診てもらいたくない」**と面と向かって言われたこともあります。

切ない思いはしたけれど、これはもう変えられないことなんです。

だから**悩んでも仕方がない。**そのときはショックを受けるけれど、引きずることはありませんでした。

「変えられないもの」に悩むほど、人生はヒマではないのです。

「変えられるもの」に全力投球しよう

一方、人生には**「変えられるもの」**があります。そして**「変えられること」に悩んでいるのなら、どんどん変えていけばいいというのが私の考え**です。

たとえば**容姿の悩みはいかようにも変えられます。**

胸がない、目が一重、太っている、これは全部変えられることです。

「私は目が一重で鼻がつぶれていてこんなにブスで」と悩んでいる人がいるけれど、そこは美容整形で変えることができるわけです。

別に私が美容外科医だから整形を勧めているわけではありません。別に手術をしなくてもメイクを研究してカバーするとか、ファッションや髪型を変えてスタイルアップするとか、変えられるところはいっぱいあるはずです。

「太っている」というならダイエットして痩せればいいし、足が太いというならリンパマッサージをがんばってみるとか、努力の余地は絶対にあるはずです。

そもそも**「太っている」というのは、自分が選んだ結果**なわけです。自分で食べるもの、ライフスタイルを選んだ結果、太ってしまったわけです。自分で選んだことなのだから、選び直して人生をやり直せばいいわけです。

私だって**若ハゲという事態に直面したとき、増毛、カツラ、植毛と行動を起こしてきました。**うまくいかないこともあったけれど、**すべてが経験だし、行動を起こしてよかった**なと思っています。

今日から人生をやり直すためのヒント

「何が変えられるのか」
「何が変えられないのか」
をまず明確にした上で、
「変えられること」に向かって行動を起こす

第7章

人生を今日からやり直すなら、本当に大切な人たちと心豊かに楽しく生きよう

「人」は人生における最大の財産

出会った人すべてを大事にする

私は**「出会った人はどんな人でも大事にする」**という信条を持っています。

どんな人に対しても、オープンマインドで、その人にとってプラスになるよう働きかけることを心がけます。

別に聖人君子を気取っているわけではありません。それは人のためにもなるけれど、最後は自分のためにもなるからです。

たとえば「この人は今イチ自分とは合わないな」と思っても、その人の友達に、自分が会いたいと思っていたすごい人がいるかもしれないわけです。

その**「今イチの人」を大事にしなかったら、その「すごい人」は出てこない。**だからどんな人でも大事にしないといけないと思うのです。

最近はよく、知らない人から会食に誘われたり、「一度先生にお会いしたい」と言われたりするのですが、スケジュールの都合がつく限りは会うようにしています。最近はあまりに忙しいのでなかなか応じられませんが。

でも私のことをよく知らないのに「ぜひ一度、麻生先生と会食を」と言ってくる人は、他の人にもそうやってガンガン行っている人なわけです。

縁とは不思議なもので、そういう人に対して「ああ、いいですよ」とやさしさを持って接する人は、私と同じようなマインドを持っている人が多いわけです。

だから「ガンガン来る人」をはさんで、その向こうにバチッと気が合う人が出てきたりするものです。

人を大事にしていると、巡り巡って仕事にもいい影響があるものです。たとえば思わぬ人がいい話を持ってきてくれたり、探している人を紹介してくれたり。

結局、仕事は人と人の関係で生まれるものだと思うのです。

大学生の息子に救われた話

「人を大事にする」という意味では、私は「息子」という存在にものすごく助けられました。

一応紹介しておくと、息子は歯学部の学生ですが、**「お金持ちの息子」**としてTikTokなどでめちゃめちゃバズっていて、もしかしたら私より知名度が高いかもしれません。

実はうちの**SNS戦略はこの息子に言われて取り組み始めたものです。**

すでに述べた通り、私はSNSにはあまり興味がありませんでした。YouTubeもやっていなかったし、自分のクリニックをSNSで広めるというイメージが湧きませんでした。

でも息子は息子で私のことが心配なのか、SNSをチェックしていろいろ言ってくるわけです。

「親父のクリニック、地味すぎる」「東京中央美容外科に負けてるよ」とか（笑）。

「東京中央美容外科」という言葉を聞くと私は**「！」**となります（笑）。**「東京美容外科」**

とよく間違われるからです。実際に患者さんを取られたこともあります。取られたというか、患者さんが間違って向こうに行ってしまったのです（泣）。ちなみに言いたくないけど、うちが先発。

まあそれはいいとして（よくないけど）、息子に聞いてＳＮＳが重要だなということを私は理解しました。

息子はＴｉｋＴｏｋもＹｏｕＴｕｂｅもＩｎｓｔａｇｒａｍも、バズる方法も知っているので、それも含めて一から教えてもらいました。

はっきり言って**今まで息子にそんな力があるとは思っていません**でした。

20歳の息子の言うことなんて大したことはないだろうと思っていたし、**「TikTokでバズった？　なんだそれ？　そんなのやってるヒマがあるなら勉強しろ」**と最初は不満でした。

でもＳＮＳ戦略を開始したことで、事業も伸ばすことができ、私の知名度も上がったので、本当にありがたく思っています。「この子なりにいろいろ考えているんだな」と感心しました。

そしてこの**息子がつないでくれた大きな縁が、「青汁王子」こと三崎優太さん**です。

息子の紹介で三崎さんと会うことができました。その後、青汁王子が格闘技に挑戦して眼窩底《がんかてい》骨折というけがを負い、その手術をうちですることになりました。手術の様子をライブ配信したのですが、その再生回数はもうすごかったです。140万回以上で、うちの記録になっています。

その後、うちの**発毛クリニック（AGAスキンクリニック）のCMキャラクターを務めてもらう**など、いいお付き合いが続いています。

2022年にカタールで行われたサッカーワールドカップも青汁王子が手配してくれて一緒に応援に行きました。

「こいつアホや～」と思っても

実は離婚をしたとき、息子は母親と暮らすことになったのですが、いろいろあって彼が中学3年生のとき、私が引き取ることになりました。

引き取ったときは不登校だし、引きこもりでものも言わないし、どう育てればいいのか途方に暮れました。

「自分で引き取ると言ったのに、今になってオレに育てろと言われても……」と元妻を恨めしく思ったことも正直、あります。

でも**自分の蒔《ま》いた種であることは間違いないし、こいつの人生を何とかしないと寝覚めが悪い**と思いました。

このとき私は**「父親としてやり直そう」と決めました。**

少しずつ外に連れ出したり、家庭教師を付けたりして、自分なりに精一杯育てました。お金もかなり使いましたよ（笑）。

その彼が**今になってまさかこんなに力を発揮してくれるとは夢にも思いませんでした。**

自分の子どもですから、責任を持つのは当たり前なのですが、やっぱり**自分の身近な縁から人を大事にすることも重要**なのだとつくづく思いました。

独立した人ともいい関係を保つ

先に独立開業の話をしましたが、うちをやめたドクターというのは、私のスピリットが入っているから実は一番怖い存在です。

私がどうやって新規のクリニックを開業しているかも見て知っているし、うちで教育した人だから技術も持っているわけです。

うちをやめて独立するということは、**私に勝てるアイデア、秘策が何かしらあるということ**でしょう。

つまり、うちをモディファイして開業したクリニックというのは、たぶん**一番新鮮で、一番いい情報を持っている**わけです。

だから私は独立したドクターやスタッフとはいい関係を保つよう努力します。

仲よくしていればスタッフに「最近どうなん？　○○先生、何やってんの？」と聞いて、情報を得ることができます。それでよさそうなことがあれば自分も取り入れればいいのです。

雇っていたドクターが独立すると、怒っていじめたり、悪いうわさを流したり、連絡を一切断ってしまう人もいるけれど、それは人のためにも、自分のためにもなりません。
やっぱりどんな人でも大切にすることで人生は開けていくと思っています。

今日から人生をやり直すためのヒント

どんな人でも大事に。
人からも感謝されるし、
思わぬいい話に結びつくこともある

ちやほやされるときこそ自分を見失うな

うまいことを言ってくる人から先に逃げていく

私が子どもの頃、父親の事業の浮き沈みが激しかったことはすでにお話しした通りです。事業がうまくいっているときは、両親はほぼ毎週のように別荘に友達を招いて、一緒にテニスをしたり、食事をしたりして、楽しく過ごしていました。

そんなときはみんな「オレたちは一生の友達だ」とか、「自分は○○（父親の名前）にずっとついていきます」などと聞こえがいいことを並べていました。

ところが父親の事業が傾くや否や、その人たちはクモの子を散らすように逃げていってしまったのです。なかには金銭的に困ったとき、父親が助けてあげた人もいたのに、そういう人も見事にいなくなりました。

子どものときにそんなドロドロ劇を見てしまった私は「**人ってこういうものなんだな」と、ある種、達観ともいえる考えを持つ**ようになりました。

だから今、私にいろいろいいことを言って寄ってくる人がいっぱいいるけれど、その言葉に驕り高ぶったり、エラぶったりする気はまったくありません。

そういう「**うまいことを言ってくる人」は私が負け組に転落したら、きっといなくなるだろう**と思っているからです。

その人たちのことを薄情だとか、人としてダメだとか非難したいわけではありません。**世の中、そういうもの**だと思っているのです。

大事なことは**うまくいっているときにつけあがったり、驕らないこと。自分を見失わず、平常心でいることが重要だと肝に銘じて**います。

だから私は人にどんなお世辞を言われてもなびかないので、TwitterやYouTubeで私をほめちぎってお金をせびってくるのはやめてください（笑）。

最後に助けてくれる人とは

父親の事業の話に戻りますが、事業が失敗して**どん底生活に陥ったとき、本当に親身になってくれた人たち**もいました。

それは本当に数人でした。先に述べた、お米を分けてくれた近所のOさんもそのうちの1人です。

他には母親が信仰していた宗教の人もいました。つらいときに話を聞いてくれて、最後まで支えてくれたのはその宗教の人たちだったと思います。

だから私は医師として宗教には一定の客観性を保ちながらも、否定する思いはまったくありません。人が本当に困ったときに支え合う、セーフティネットとしての役割は見事なものだと思います。

医学部の学費が払えない！　人生の危機を助けてくれた人

その後、私が高校2年のとき、父親は再び事業を復活させて、うちはまたそこそこの裕福な状態に戻り、私の医学部の学費も払えるぐらいになりました。

父親は事業家というより、博打打ちのようなところがあって、手あたり次第手を出して、当たれば大きいけれど、外れたら無一文という、両極端な人生なのです。

そういう意味では**父親も何度もあきらめずに、人生をやり直している**わけで、そこは立派だと思います。

でも困るのは**うまくいくと急にベンツに乗りだしたり、豪遊したりしてわかりやすく調子に乗る**ところ(笑)。

だから私には「これはいつまで持つかわからない」という危機感が常にありました。

「とにかく今この事業がうまくいっている間に医師免許を取ってしまおう」と焦っていました。

ところが医学部に入ったあたりから父親の事業がまた怪しい雰囲気になってきてしまったのです。まあ、そもそも**私が3浪もしてしまっていた**のもいけなかったのですが(笑)。

大学2年の終わりあたりから、ついに学費が払えない状況に陥り、そのときは親に「大学をやめてくれないか」とまで言われました。

いろいろなところに頭を下げて保証人になってもらい、金融機関からお金を借りたりして、なんとかしのぎながら通い続けました。1年分は伯父に出してもらったことはすでに述べた通りです。

でも最後、**6年生の年はついに支払いに窮してしまいました。**あらゆるところから借り尽くし、もうどこからも借りられる当てがありませんでした。

そのときお金を貸してくれた人がいたのです。「最後まで見捨てなかった数人」のうちの1人でした。その人のダンナさんが事業を営んでいてお金まわりがよかったらしく、最後の1年間の学費を出してくれたのです。

そのおかげで卒業でき、医師免許を取得することができました。

もちろんそのお金は医師になって真っ先に返済しました。

だから私の人生は人に裏切られることもあったけれど、人に助けられてきたことも間違いのないことです。

そして**本当に困ったときに助けてくれる人を人生で何人持つことができるか。**もちろんそれは必ずしも「お金を貸してくれる人」という意味ではありません。

苦境に陥ったときに親身になって助けてくれる、少なくともクモの子を散らすように逃

げていかない人のことです。

そして人生はいかにそういう人間関係を築けるかで決まります。**「人生をやり直そう」というとき、そういう人たちの助けは大きい**はずです。

そのためにもやはり日ごろからの人間関係、つまり**人を大事にすること、自分から人を助けること**が大事だと思っています。

今日から人生をやり直すためのヒント

本当に困ったとき、助けてもらえる人になろう

「人から応援される人」が一番強い

伸びる人と伸びない人の違い

ヴァイオリンを習い始めて私が確信したことがあります。

伸びるかどうか、上に行けるかどうかは、技術とか才能の問題ではないということです。

では一番大事なのは何かというと、やっぱり**「人間性」**なのです。

もちろん技術も大事ですが、やっぱり**人から応援されるような人柄・人格を持つことのほうが、よっぽど大切な才能**なのだと思いました。


医者の世界でも、どれだけ才能があっても、めっちゃ性格が悪くてエラそうにしていたら、教えるほうも「こいつには教えたくない」となります。

私も今は美容外科医を育てる立場ですが、**「人を1人育てる」ということは、自分の持ち時間をそこに投入するわけ**です。大げさに言えば**自分の人生を使う**わけで、そうであれば、可愛いげのない人には教えたくないと思うのは人情というものです。教える側だってロボットではない、人間なのですから。

逆に言えば、自分の力を伸ばしたい、上に行きたいと思うのであれば、教えてくれる人たちに可愛がられる行動をとらずしてどうやって上に行けるのか、ということです。

つまり**「人から可愛がられる人」が一番伸びるし、結局はトク**なのです。

「人から教えてもらうこと」が一番早い

1つのスキルを習得する場合において、**人から教えてもらうことが一番早い**と私は思っています。

たとえば私たち美容外科医であれば、教科書を読んで「こうやって切る」と覚えて、それで手術ができるかというと、そうではないわけです。

臨床の場では本に書かれていないことがいっぱいあります。**「教科書的にはこうだけど、**

こういうときはこう切る」という「応用編」がいくらでもあるのです。そしてそれは実際に教わらないとわからないことです。

そこで机上の知識だけを振りかざして「僕はできるから」という態度の人は、人から教えてもらうことができません。「あなたはあなたでがんばって」となります。

私も美容外科の技術を習得するために、国内はもちろん、韓国、アメリカとさまざまな先生に習いに行きました。なかには正直言って鼻持ちならない先生もいましたよ。

でも**手術を習うという目的のために、下げたくない頭も下げたし、可愛がられる努力もしました。**

結果的にどの先生にもすごくよくしてもらい、「これは君だけに教えるからね」という特別な技術も教えてもらえて、ものすごくトクをしました。

やっぱり**「人から教えてもらう」**ことは大事で、そのためにも**「教えてもらえる人間」になならないといけない**と思うのです。

可愛がられる人になるには

音楽の話に戻りますが、この世界はコネクションがすごく大事な世界です。コンサートを開くにも、アンサンブルをするにも、どうしてもコネは必要です。

私が音大に入学して本格的に音楽を始めたのは**46歳。コネなんか一切ありませんでした。**

でも今、**コンサートを開いたり、仲間と合奏をしたりと本当に楽しく過ごすことができています。プロの人たちとも交流させていただいています。**

一生懸命やっていれば「麻生はがんばっているな」「じゃあちょっと手を貸そう」みたいに協力してくれる人が出てきて、どんどん世界が広がっていくのです。

もちろん私はまだまだ未熟ですが、**「あいつを助けてやろう」と言ってくれる人がどれだけいるかで人生は決まってくる**ことを実感しています。

今日から人生をやり直すためのヒント

人に可愛がられる人間になろう。
それが結局は成功の最短ルートになる

趣味を持つことで人生は10倍豊かになる

全力で仕事をして全力で遊ぶ

私の座右の銘は前にも述べたように**「1分1秒を惜しんで趣味と仕事にまい進する」**です。仕事も本気、趣味も本気です。

人生の幅を広げるのが趣味だし、人生の幅が広がると仕事の幅も広がるのです。

マリンスポーツが趣味だと言いましたが、ウインドサーフィン、船の引き波を利用してやるウェイクサーフィンと、いろいろやります。なかでも今ハマっているのは**カイトサーフィン**。カイト（凧）にロープをつないで、水上を滑走するスポーツです。

不思議なもので、海で風を切っている間は**瞑想状態**なのです。風と一体化して、風の音と波を切る自分のボードの音、海と空の世界――。

その瞬間は仕事のこともスパッと忘れて雑念が湧いてきません。**風に乗って海の上を疾走する体験を1回すると、人生観が変わります**よ。

だからカイトサーフィンをやったあとは気持ちがスッキリします。1億円を横領されて落ち込んだときも、カイトサーフィンに助けられました。

「自分の人生、これさえあればOK」というものがあるのは幸せなことです。

お互いにリスペクトし合える仲間ができる

カイトサーフィンはカイトを使うから「風」がすごく大事です。いい風を求めて世界中をまわりました。ハワイ、沖縄、スリランカ、ブラジルなど。

サーフィンは簡単にできるスポーツではありませんよね。道具やウェットスーツを用意して練習して、遠くまで遠征してと、それなりにお金も時間もかかります。カイトサーフィンはなおさらお金がかかるのです。

だから**世界中どこに行っても、同じ趣味を持つ者同士で、すぐに仲よくなれる**のです。

これも趣味を持つことの醍醐味だと思っています。

これはサーフィンに限ったことではなく、**音楽をやる者は音楽をやる者同士、そして医師は医師同士、1つのことに対して努力してそれを突破してきた者同士はお互いにリスペクトし合えるから、すごくいい関係性を築くことができる**ものです。

だからヴァイオリニストはほかのヴァイオリニストの悪口を言いません。**ヴァイオリンを弾くということがどれだけ大変なのかがわかっている**からです。何かを真剣にやったことのある人は人を馬鹿にしないのです。

私などもたまにTwitterなどで悪口を書かれたりします。「麻生のヴァイオリンは下手くそだ」とか。でも多分**それは音楽を知らない人**だと思います。

そもそも人を馬鹿にしたコメントを書きこむ人は、人生が充実していなくてモヤモヤしているのではないでしょうか。そんなコメントを書く時間があるのなら、自分の人生をよりよくすることに時間を費やしたほうがよっぽどいいと私は思います。

私はそんなことに時間を使うのはまっぴらですから、今やりたいことに集中します。

もしあなたがやりたいことがあるのにチャレンジしないままでいたら、本当はあったかもしれない趣味を通じた多くの人たちとの出会いを失っているかもしれません。それはあまりにもったいないことです。

やりたいことであふれていて充実し、生きていることを実感できる毎日を送るためにも、今このときから行動していきましょう。

今日から人生をやり直すためのヒント

「自分が今、本当にやりたいことは何か」にフォーカスして、人生を思いっきり楽しもう

明日死んでも後悔しない生き方

100万円のワインが目の前に出されたら

明日死んでも後悔しない生き方をしよう――。

いつしか私はこう思うようになりました。

この信念があると、迷いがなくなります。人生で本当にやりたいこと、自分に必要なことは何か、一瞬で選び取ることができるからです。

たとえば今、もし目の前に100万円のワインが出されたら、私はためらわずに飲むと思います。

正直言って私にはワインの味などよくわからないけど、みんなでワイワイ楽しく飲んで

「100万円のワインってこういう味なんだ」とわかればそれでいいのです。**「100万円のワインを仲間と一緒に飲む」という体験にお金を使いたい**のです。

そうすれば、もし明日死ぬとなっても**「高いワインも飲んだし、ま、いいか」**と思えるのではないでしょうか。

人生でそういう体験が積み重なれば積み重なるほど、この世を去るときに後悔なく、潔く逝けると思うのです。

もちろん、みなさん全員に100万円のワインを飲むことを勧めているわけではありません。

高いワインなんて飲んだっておしっこになるだけだとか、100万円あるなら他のものに使ったほうがよっぽどいいと考える人もいるでしょう。

清水の舞台から飛び降りる勢いで100万円のワインを飲んだはいいけれど、後悔したら元も子もありません。

選択は人それぞれ。何であろうと、明日死んでも後悔しない生き方ができればそれでいいのです。

「今しかできないこと」を全力で楽しむ

私は今51歳です。

このトシになると、今の健康な体で夏を迎えられるのはあと何年かなどと、考えてしまいます。マリンスポーツはそれなりに体力の必要なスポーツですから、体が動かなくなったらそれまでです。

もちろん70歳になったら70歳なりの楽しみ方があると思いますが、体力は今とは違ってくるのは事実です。

だから今やりたいことにフォーカスして、**人生を全力で楽しみたい**のです。

体が思いっきり動くうちはマリンスポーツをやりたいし、もうちょっとトシを取って体がきつくなったらヴァイオリンをもっとがんばりたいと思っています。それはそれで楽しみです。

「遺書」の勧め

明日死んでも後悔しないためにお勧めしたいのが「遺書」を書くことです。遺書を書いてみると見えてくるものがあります。

私は一度、サーフィンをやっているときに流されてしまったことがあって、一瞬「死ぬかもしれない」という恐怖を味わいました。

そのとき、**「人生はいつ、なにがあるかわからないな」**と実感し、子どもたちに宛てて遺書を書くことを思いつきました。

そのときとは少し状況が変わったので、今は取り消しましたが、**書くことで実にいろいろなことが見えてくるもの**です。

人生は、いつ、どこから、どんな球が飛んでくるかわかりません。

健康であっても交通事故に遭うかもしれないし、出張のために乗った飛行機が落ちるかもしれない。私の場合はプライベート機もヘリコプターもよく使うので、**「もしも」とい**

うことは常に考えておかないといけないわけです。

人間だけが未来を予想できるのですから。

私が遺書を書いてみてわかったのは、やっぱり**「今が大事」**だということ。そうしたら**子どもたちとの時間をできるだけ取ろう**と思えました。親はどうしたって子どもより早く死ぬわけで、そうであれば子どもと過ごす時間を大切にしようと、心から思いました。

私の場合、子どもたちとは別に暮らしているので、日常的には会えないけれど、記念日や行事はできる限り一緒に過ごすようにしています。

大事なのはいつだって「今この瞬間」なのです。

過去は変えられませんが、未来は変えられます。

よく「いつかやろう」と言う人がいるけれど、そうではなく「今やる」のです。

「来年やろう、再来年やろう」では人生は変わりません。

「いつかやろう」ではなく、「今やる」のです。

今日、この日から新しい人生を始めればいいのです。

今日から人生をやり直すためのヒント

今やれることを精一杯やれば
明日死んでも後悔しない

エピローグ　未来を見る習慣

本書では「どんなピンチに陥っても、人生をやり直すつもりでがんばれば必ず光が見える」という私のメッセージを述べてまいりました。

立ち上がろうとするとき、人は必ず「その先にある希望」を見ているのだと思います。未来が見えてなければ人は再起することはできません。

その際、未来に向けて人生をどう設計していくか、最後にお話ししたいと思います。

成功する人は「成功する」と決めて、そのときに必要な行動をしていきます。つまり、「5年後、10年後を考えたとき、今、何をすべきか」という具体的な「目標設定」をすることが重要です。

社会は荒波で、私たちは荒波の中の小舟でしかありません。何もせず、流されるままに生きていったら、行きつく先は吹き溜まりです。よく川や海で吹き溜まりにゴミが溜まっているのを見かけると思います。あれでしかない。**成功は未来を見て、具体的な戦略を立て、地道に一歩ずつ進んでいくことでしか達成できないのです。どうかみなさん、未来を見る習慣を身につけてください。自分で目標設定をして勤勉に努力できる人は絶対成功できます。**

なお、こちらのＬＩＮＥ＠では「読んだだけで人生が豊かになるホットな情報」をお届けしています。ぜひご登録ください。

本書を上梓するにあたっては多くの人に尽力していただきました。いつも私を助けてくれるスタッフ、家族、編集スタッフ、マーケティング・宣伝に関わってくださった皆さんに厚くお礼を申し上げます。

東京美容外科統括院長・医学博士　麻生 泰

編集協力／高橋扶美
ブックデザイン／井上新八
本文デザイン／ Mai Seike（株式会社メタ・マニエラ）
装画／門川洋子
DTP ／エヴリ・シンク
編集／尾小山友香

麻生 泰 Toru Aso

1972年1月10日大阪府生まれ。血液型A型。医療法人社団東美会理事長、東京美容外科統括院長、慶應義塾大学医学部非常勤講師。慶應義塾大学医学部大学院にて医学博士号取得。2003年東京美容外科の前身となる「学園前美容外科」を奈良県に開業し、開業医としての経歴をスタートさせる。2004年、現名称である「東京美容外科」の1号院を開院し、現在手がけるクリニックは110院を超えるまでに成長。ハワイのヴィラの運用など、辣腕実業家としての顔も持つ。音楽をこよなく愛し、2018年には桐朋学園芸術短期大学に入学。ヴァイオリンの名器ストラディヴァリウスの所有者としても注目を集めている。著書に『愛もお金も手に入るチェンジの法則』（扶桑社）等がある。

もしも、人生《じんせい》を今日《きょう》からやり直《なお》すとしたら
孤独《こどく》を恐《おそ》れず自由《じゆう》に生《い》きる法則《ほうそく》

2023年 2月2日 初版発行

著者／麻生《あそう》 泰《とおる》
発行者／山下 直久
発行／株式会社KADOKAWA
〒102-8177 東京都千代田区富士見2-13-3
電話 0570-002-301（ナビダイヤル）

印刷所／凸版印刷株式会社

ISBN 978-4-04-606030-3 C0030